心理学で分析！

「鬼滅の刃」に学ぶ強い心のつくり方

公認心理師／臨床心理士
石堂孝英

彩図社

はじめに

テレビアニメ化・劇場アニメ化もされた漫画『鬼滅の刃』が空前の人気を集めたことは、多くの人の記憶に新しいことでしょう。作品に触れたことがない人は今となっては少ないかもしれませんが、正直なところ私は、日ごろからあまり漫画を読まないということもあり『鬼滅の刃』を読むどころか、ストーリーさえ知りませんでした。

ところがある日、たまたま私の子どもが持っていた漫画の1巻から3巻までを借りて読んだところ、とても大きな衝撃を受けました。

ストーリーの面白さはもちろんのこと、心理学の研究をしている私にとって、『鬼滅の刃』のメインキャラクターである炭治郎、伊之助、善逸の3人のキャラクター造形には目を見張るものがありました。**この3人だけで、対人関係のストレスの対処方法、自分の内側から湧き起こってくる自暴自棄の思いに勝つための「心の操作」の方法を全て網羅している**のです。

どういう意味かというと、この3人の対人関係の心理を分析して行動パターンを知ることで、現実世界におけるありとあらゆる対人関係に対応できるようになるのです。

『鬼滅の刃』読者の多くも、「炭治郎は誰にでも優しい」「善逸は臆病だけどやるときはやる」「伊之助は行動力があり情に厚い」などとそれぞれにキャラクターを分析しているでしょう。

しかし、単にそれだけではなく、**彼らは自分の心をストレスから守る術《すべ》に長けている**のです。**「心の盾（シールド）」**と呼ぶ身を守る術を、炭治郎、善逸、伊之助らは三者三様に持ち合わせています。自らをストレスから守りながら、他者とどのように向き合うのか。私は、この点を分析して、『鬼滅の刃』の読者に伝えたいと考えました。


メインキャラクターの3人以外にも、『鬼滅の刃』にはストレスに打ち勝ち、対人関係に役立つ「強さ」を持つキャラクターがいます。彼らの対人関係の心理も分析しているので、きっと多くの方のお役に立てるはずです。

いままで『鬼滅の刃』の心理分析をした本はあったかもしれませんが、あくまでキャラクターの分析にとどめているものが多く、現実の対人関係に関わる心理に的を絞ったものはないと思います。

本書を読むことで、**読者の皆様はキャラクターたちの性格分析だけでなく、自分が炭治郎、**

伊之助、善逸の誰に近いタイプかを知ることができ、さらに自分の行動パターンに合わせたストレスへの対処法がわかるようになります。

本書は対人心理学の教科書のようでもありますが、漫画『鬼滅の刃』のセリフ・場面を引用しながら、なるべく心理学用語は使わず平易に書くように気を付けました。

本書が多くの人の手にいきわたり、人間関係を解決する座右の書となることを願っています。

「鬼滅の刃」に学ぶ強い心のつくり方

目次

第2章 炭治郎、伊之助、善逸に学ぶ 強い心のつくり方 —— 37

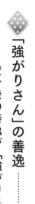

第3章 鬼殺隊の柱に学ぶ 人を惹きつける心のつくり方——123

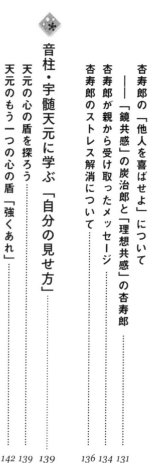

第4章 鬼に学ぶ　心を破滅から守る方法――181

【ご注意】本書には『鬼滅の刃』1～23巻および『鬼滅の刃　外伝』の内容が含まれます。

物語の結末にも触れていますので、あしからずご了承ください。

第1章

上手な人間関係のヒントになる「心の盾」と「破滅の爆弾」

ストレスから身を守る「心の盾」の存在

人は毎日、多くのストレスを抱えながら暮らしています。

職場や学校、家庭など、身のまわりで起こる人間関係の困難、さらには仕事や勉強そのもののつらさに、時に負けそうになることもあるでしょう。

「イヤな人が近くにいる。どうすればいいのだろうか?」

「なかなか目標を達成できない。とてもつらく感じて、くじけそうになる」

このようにつらい思いが続くと、心や体がストレスに蝕まれていきます。

そんな時、困難な状況の打ち破り方を教えてくれる指南書があるといいですよね。それも、自分の好きなアニメのキャラクターが教えてくれるなら、なお嬉しいことです。

そんな都合のよい指南書があるのかと思われるかもしれませんが、それこそが『鬼滅の刃』です。

『鬼滅の刃』に登場するキャラクターは、誰もが目の前の困難に立ち向かい、ストレスを打破する強い気持ちを持っています。キャラクターを分析して心の動きを知ることで、私たちもその強い心を持つことができるようになるのです。

驚くべきことに、**『鬼滅の刃』のメインキャラクターである炭治郎、伊之助、善逸の3人だけで、全ての人が持っている5つの「対人関係の心の動き」を網羅しています。**

つまり、たった3人の心の動きを分析するだけで、すべての読者に当てはまる対人関係における心の動き、ストレスのかかり方、そして強い心の持ち方がわかるということです。

詳しいことは第2章以降で述べますが、その5つの「対人関係の心の動き」について、先に簡単に解説をします。

心理学の一分野である「交流分析」では、**ストレスなどから自分の心を守るために、**

「努力せよ」「他人を喜ばせよ」「急げ」「完全であれ」「強くあれ」

という5つの「心の盾（シールド）」を持つと説きます。専門用語では「ドライバー」といいますが、本書ではわかりやすくするために「心の盾（シールド）」と言い換えます。

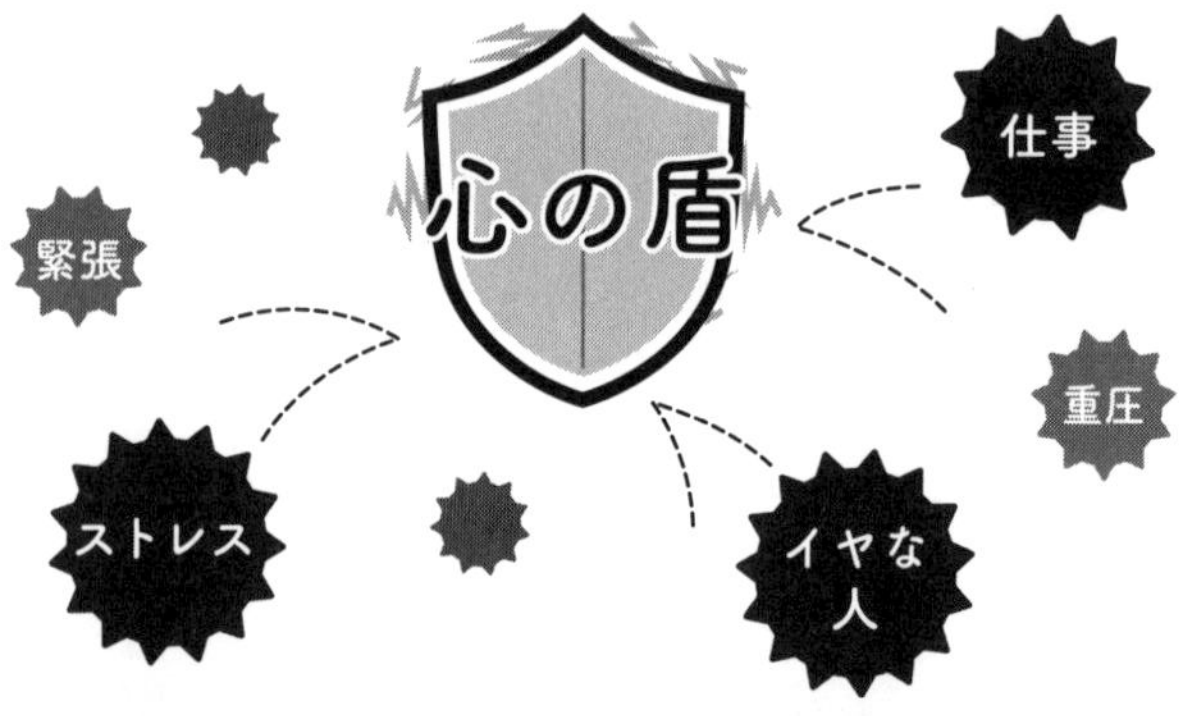

必ず1つは持っている「心の盾」で心を守っている

「心の盾」は幼児期後期（5歳前後）から12歳頃までに、もっぱら父親（あるいはそれに代わる人物）とのやり取りで形作られるもので、どんな人間も必ずいずれかを1つ以上を持っています。この心の盾は、父親の生き方やモットー、信条を子どもが真似をすることで形作られます。

その5つの心の盾を、炭治郎たちは次のように持ち合わせています。

・**炭治郎↓心の盾「努力せよ」「他人を喜ばせよ」**
・**伊之助↓心の盾「急げ」**
・**善逸　↓心の盾「完全であれ」「強くあれ」**

心の盾は、1人に1つと限らず2つ以上を持ち合わせていることは珍しくありません。ストレス場面に出くわしたときに、いずれかの心の盾を使うことで心を守ります。

炭治郎たちだけでなく、読者の皆様も同じです。この5つのうちどれかを使って心を守っています。鬼滅のキャラクターを参考に、5つの心の盾の性質を知り、使い方を覚えて、ストレスに立ち向かう強い心の持ち方をマスターしましょう。

◆自分の中に潜む「破滅に誘《いざな》う爆弾」

心の盾は自分の心を守るためにありますが、**人間の心の中には「自分を破滅させる爆弾」も同時に存在しています**。

本書ではそれを「破滅の爆弾」と呼びます（専門用語では「禁止令」といいます）。「三つ子の魂百まで」と言われるように、幼児期後期までの育ちのなかで子どもの心に形作られていき、その数は心の盾よりも多く12種類あります（厳密にはさらに細分化されます）。

子どもが置かれた環境との関わりのなかで思い込みにより形成されるのですが、心の盾と同様にすべての人間がいくつか持っていて、刺激を受け続けて限界を迎えると爆発し、自滅に陥ります。「破滅の爆弾」は、次のとおりです。

・人間の存在に関わる『存在するな』『お前であるな』
・対人関係に関わる『親しくなるな』『属するな』
・成長に関わる『成長するな』『子どもであるな』
・心身の健康に関わる『健康であるな』
・成功や課題の達成に関わる『成功するな』『するな』『重要であるな』
・考えや感情に関わる『考えるな』『感じるな』

破滅の爆弾は、何もなければ悪さをすることはありません。しかし、**少しのストレスでスイッチが入ります**。

例えば、ある人が「親しくなるな」という対人関係の破滅の爆弾を持っていたとしましょう。会社や学校に行くと、自分から見ると鬼のようなイヤな人がいて、「イヤだなあ。つらいなあ」と思うだけで、心の中の破滅の爆弾にスイッチが入り、爆弾の導火線に火がつきます。

イヤな人と一緒にいることで心の中でいろいろな連想が起こり、最終的に「イヤだなあ。結局自分は独りぼっちで、誰とも親しくなれないんだ」といった破滅の連想にたどり着くことが多くなります。これがさらに加速すると、自暴自棄になるといった破滅に繋《つな》がる行動が始まってしまいます。

ただし、この時に心の盾「努力せよ」を有していると行動が変わります。心の盾が動き出して、「でも、独りぼっちにならないように、できることを努力してやってみようか」と、破滅を防ぐ心の働きをしてくれるのです。

破滅の爆弾について、もう少し説明を加えましょう。それぞれの破滅の爆弾がもたらす心の負の働きは、次のようになります。

・「存在するな」「お前であるな」は、自暴自棄や生きる力を失う症状が表れやすい。
・「成功するな」「重要であるな」などは、「物事が成就する直前にそれを台無しにしてしまう」「重要でありたいのに重要でいられない」などの葛藤が出たりする。
・「健康であるな」は熱を出したり体調を崩すことが多くなり、「感じるな」は「涙さえ出ない」「笑うことさえできない」状態になる。
・「親しくなるな」「属するな」は、他人と交われずに孤独になったりする。

『鬼滅の刃』のキャラクターは皆生きるか死ぬかの瀬戸際で戦っているので、破滅の爆弾は

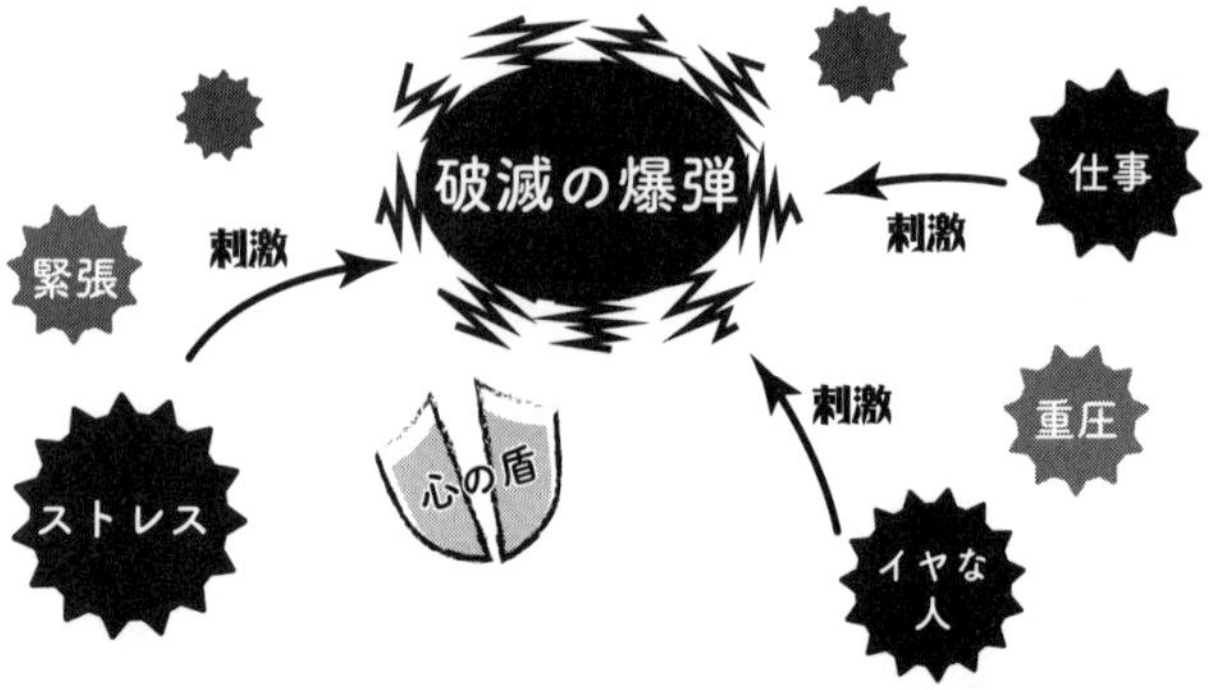

心の盾が働かないと、破滅の爆弾が表れ気力が失われる

「存在するな」「お前であるな」という人間の存在に関するものが多いです。

ですので、キャラクターたちにストレスなどの攻撃が加わると、自暴自棄になったり生きる力が失われる状態に陥ると考えられます。この自暴自棄など心の負の動きが表れないように心をストレスから守っているのが、「心の盾」ということです。

第2章で詳述しますが、炭治郎が「頑張れ！」という言葉を使うのは、生きるか死ぬかの危機に瀕した時です。**この炭治郎の行動は、心の盾「努力せよ」が動き出して、存在に関する「破滅の爆弾」の爆発から炭治郎を守っている**のです。

本書では、キャラクターたちが持つ破滅の爆弾の解説はしますが、それ以外の破滅の爆弾の詳細は割愛したいと思います。破滅の爆弾は無意識の中にあるもので、取り扱いが難しいため専門家の指導のもとで診断をしてもらうことをおすすめします。

一方で、心の盾は少しの知識と自分の意思のみで鍛えることができ、コントロールできるようになります。だから、心の盾の働きに紙面を割いたほうが読者の皆様にとって有益な情報になると思います。

◈交流分析とは

本書で扱う「交流分析」について、補足をしておきます。「自分の好ましい人間関係を実現する心理学」として、カナダ出身の精神科医エリック・バーンによって創設されました。

交流分析は、人間の悩みを解決する精神分析と似た理論を持っていることから、精神分析を簡単にしたもの（精神分析の口語版）とも言われています。本書は、交流分析の4つの基本理論のうちの1つである「人生脚本理論」に拠《よ》って解説します。人生脚本とは、心の盾と破滅の爆弾の組み合わせで、人は決められた脚本通りの生き方をするというものです。具体的な解説は、第2章で行っていきます。

あなたは誰タイプ？「心の盾」を診断してみよう

5つの「心の盾」は、メインキャラクターの3人で全て網羅されていると述べました。つまり、3人が作中で見せている心の危機を救う方法は、**全ての人の実際の生活で活用できる**ということです。

読者の方が、心の盾「努力せよ」「他人を喜ばせよ」を持った炭治郎タイプであれば、炭治郎と同じやり方で困難を乗り越えて、強い心を身につけていくことができます。

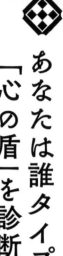

初めはうまくいかないかもしれません。しかし、**心の盾の使い方は、鍛錬することで上手になっていきます**。

『鬼滅の刃』の中では、炎柱の煉獄《れんごく》杏寿郎《きょうじゅろう》が炭治郎と同じ心の盾「努力せよ」「他人を喜ばせよ」を持っていますが、煉獄は炭治郎よりも心の盾の使い方が巧みです。煉獄杏寿郎や宇《う》髄天元《ずいてんげん》、冨岡義勇《とみおかぎゆう》などの柱たちは、メイン3人組の心の働きを発展させたもの、深めたものといえるでしょう。

炭治郎タイプの読者の方も、心の盾の使い方が巧みになると次第に炭治郎のように、さらに熟練すると杏寿郎のような困難に立ち向かう強い心を持てるようになると考えます。

同様に読者の方が心の盾「急げ」を持っていると、伊之助と同じやり方で困難を乗り越えて強い心を持てるようになります。伊之助の心の盾の発展形が音柱である宇髄天元なので、伊之助タイプの読者の方が、心の盾の使い方に熟達すると天元のようになっていきます。

そして読者の方が心の盾「完全であれ」「強くあれ」を持っているときは、善逸と同じやり方で、困難を乗り越えていきます。善逸の「強くあれ」の方の発展形が義勇です。

自分の現在のタイプを知ったうえで、自分の心の盾の発展形を知ることができるという意味で、『鬼滅の刃』は実に最適な教科書になると考えます。

それでは次のページの「タイプチェック」で、ご自身がどのタイプかを調べてみましょう。

◈タイプチェックの注意点

・設問に対して当てはまるものに○をつけてください。
・○が1つ以上ある時は、そのタイプの可能性があります。
・**複数のタイプを持っている場合もあります**。その時は、いま強く行動に現れているタイプを中心に見ていきましょう。例えば、「強くあれ」と「完全であれ」の2つのタイプが出た時、今のあなたにとって、どちらが強く出ているかを選んでください。
・わからない場合は、第2章でそれぞれのタイプを解説していくのでそれを読んで決定してもよろしいでしょう。

※「破滅の爆弾」との組み合わせ次第では、どれも当てはまらないと感じる場合があります。そのときは、自分が一番共感できるキャラクターのところを読み進めてください。

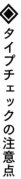

①心の盾「努力せよ」＝「頑張り屋さん」タイプ

	チェック！
行動するときに眉間にしわを寄せやすい人	
何よりも努力することに意義があると思っている人	
他人に物事を決められるのを嫌がる人	
会話の最中に相手の声が聞こえにくいとき、耳を傾けたりして「聞こえない」という体のしぐさをとる人	
会話において、「どういうこと？」「よくわからない」と言いがちな人	
「努力します」「最善を尽くします」とよく言う人	

②心の盾「他人を喜ばせよ」＝「繊細さん」タイプ

「その通り」と盛り上げておいて、後で「だけどね……」と下げる態度をとる人	
他人にプレゼントをするのが好きな人	
相手の顔色、言動をよく気にしており、他者からの評価が気になる人	
相手の話を聞くとき、頭を下げて少し口を開けるしぐさをとる人	
相手の話を聞くとき、時に過剰なほどに「うんうん」とうなずく人	
会話の最中に「～かな?」「～でしょう?」「いい?」「～みたいな?」「～的な?」などの疑問の言葉をさしはさむ人	

③心の盾「急げ」＝「慌てん坊さん」タイプ

多くのことを同時にやって、まとまりのない状況に陥りやすい人	
他人より先を行きたい、優れていたいと強く思いがちな人	
ストレスを感じる場面で、視線がせわしなく動く人	
椅子に浅く座り、前かがみになって「臨戦態勢」のような姿勢をとる人	
会話のときに急ぐあまり言葉がつっかえたり、畳みかける話し方をする人	
相手の話を遮りたくなったり、言葉を急がせる人	

④心の盾「完全であれ」＝「完璧さん」タイプ

物事を行う前から失敗の言い訳をしてしまう人	
必要もないのに視線が天井や床、脇に向く人	
姿勢のバランスがよく、背筋がピンとして整っている人	
抑揚の少ない、一定に整った調子の話し方をする人	
「多分」「確かに」「できれば」「完全に」「一つには……」の言葉を使いやすい人	
1つの文章が長く、「○○で、△△だから、◇◇みたいに、●●なので……」というようになかなか句点にたどり着かない話し方の人	

⑤心の盾「強くあれ」＝「強がり屋さん」タイプ

「君が私を怒らせた」など他人が自分を動かしているという言葉を使いがちな人	
コツコツと物事を行うことを得意とし、自己抑制が効く人	
他人のことをどこか信頼できないとの思いがある人	
腕や足を組んだり、あまり表情を変えないようなしぐさをとる人	
発言の際に声音を一定に保ち、感情の表出をできるだけ控える人	
会話の中で、「人は」「人々は」「それは」「あれは」など主語を明確にしない	
言葉遣いをしがちな人	

いかがでしたか？　ご自分がどの心の盾を持っていてどのタイプに当てはまるか、わかったでしょうか。人は、その心の盾を使うことで「外側からの敵（鬼）」と「内側から起こる破滅の爆弾」という2つの敵から自分の心を守っています。

炭治郎たちキャラクターもそうです。心の盾「他人を喜ばせよ」は、炭治郎が鬼の首を斬ったときに、鬼に対する態度に現れます。ほとんどすべての鬼の死に臨み、炭治郎は鬼を憐んで優しい「鬼が喜ぶ言葉」をかけます。

この、**どんな敵にも優しい言葉をかける行為は、現実世界では他人の感情の機微に敏感なタイプの人「繊細さん」にも時々見られます。**繊細さんは、敵でも味方でも他人の顔色をうかがい、その人の機嫌を損ねないように言葉をかける心の癖があります。

炭治郎は鬼の機嫌を損ねないことを目的に言葉をかけることはしませんが、鬼の気持ちが穏やかになる言葉をかけることで鬼の最期を迎えさせます。炭治郎のこの態度と繊細さんの心の働かせ方は性格が同じであり、心の盾「他人を喜ばせよ」からくるものです。

このように、キャラクターたちの心の盾と私たちの心の盾の使い方は、一見すると異なるもののように感じることもありますが、詳しく見ると重なっています。

鬼は「破滅の爆弾」が限界を迎えた姿

『鬼滅の刃』に登場する、もう一つの重要な役割として「鬼」たちがいます。鬼舞辻無惨《きぶつじむざん》を筆頭とする鬼殺隊の敵です。

炭治郎たちにとって倒すべき相手なのですが、面白いことに、**鬼たちも炭治郎や柱たちと同じ心の働かせ方をしています**。つまり、外からの敵と内からの破滅の爆弾の2つに対して、心の盾を使うというものです。

ただし、炭治郎たちと違うのは、**鬼たちはかつて人間だったときに破滅の爆弾を爆発させ、心の盾を変形させてしまった**ということです。変形させたことで心が鬼になったばかりか、姿形も鬼の姿になってしまいました。

これも詳しい話は第4章で述べますが、鬼たちは困難にぶつかったときに心の盾を正しく使いこなすことができず、心の盾を変形させることで心の調和を図っているのです。

イギリスの精神科医であるウィニコットという人が、「人間は困難な状況にぶつかると『偽

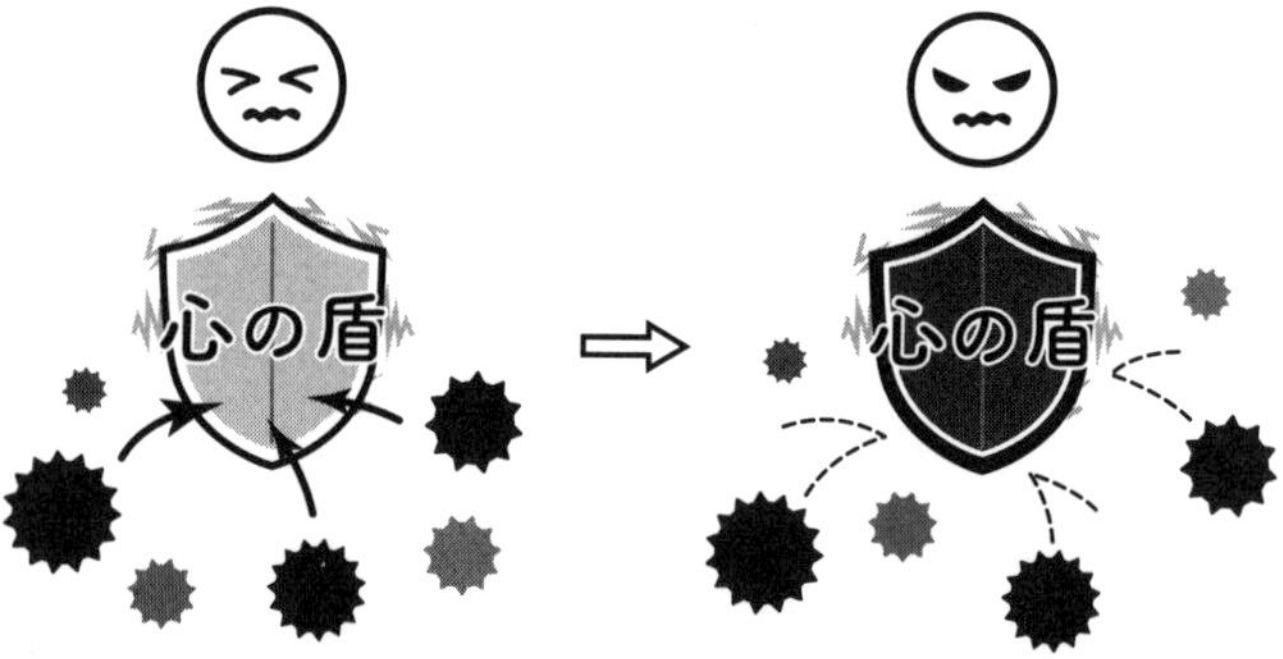

困難から自分を守るために心の盾を変形させてしまう

りの自己』に自分を変化させ、その偽りの自己を本当の自分と思いこんで過ごす」という考えを示しました。

鬼たちはまさに己を「偽りの自己」に変化をさせて、鬼である自分が本来の強い自分の姿だと思い込んで過ごしています。

この「偽りの自己」を象徴する心の盾が、「他人を喜ばせよ」ではなく「自分を喜ばせよ」です。鬼舞辻無惨を筆頭に、猗窩座《あかざ》などほぼ全ての鬼がこの心の盾「自分を喜ばせよ」を他の心の盾と一緒に持っている様子が見られます。

鬼たちの「偽りの自己」とそれに付随する心の盾の使い方を見ることで、「してはいけない行動」がわかります。いわば鬼は反面教師の存在です。

心の盾の使い方を誤ると、誰しもが鬼のような状態に陥ってしまう可能性があります。そうならないためにも、次章から炭治郎たちの心の盾の使い方を分析していきましょう。

第2章

炭治郎、伊之助、善逸に学ぶ
強い心のつくり方

「頑張り屋さん」の炭治郎

この章から、3人のメインキャラクターの心の盾を分析していきましょう。

第1章で行った診断をもとに、自分と同じ心の盾を持つキャラクターの分析を読んでいくと、自分の心がわかるようになり、強い心の持ち方を知ることができます。

交流分析では、相手の発する言葉や態度に心の盾が強く表れると考えます。特にストレス場面では、心をストレスから守るために顕著に表れます。ですので、キャラクター分析をするときには、キャラクターのセリフや行動から判断していきます。『鬼滅の刃』のセリフや場面を引用しながら解説しますので、漫画やアニメを思い出しながら読んでみてください。

まず炭治郎から見ていきます。炭治郎の心の盾は「努力せよ」と「他人を喜ばせよ」で、これは「努力せよ」を「頑張り屋さん」タイプ、「他人を喜ばせよ」を「繊細さん」タイプと言い換えることができます。ここではその名前で解説をします。

◆炭治郎が「頑張り屋さん」である理由

ストレス場面では、その人の心を守るために心の盾が強く行動や言葉に表れます。炭治郎にのしかかる初めての強いストレスが、第1話の鬼に家族を殺される場面です。

その時に炭治郎がとった行動を見ると、妹である禰豆子《ねずこ》を背負って助けようとしています。

その時の炭治郎が心の中でつぶやきます。

「前に進め　もっと速く足を動かせ」

「死なせないからな　絶対助ける」

さらに鬼になった禰豆子に襲われるシーンがありますが、そのときの炭治郎の心の言葉が、

「頑張れ禰豆子　こらえろ頑張ってくれ」

です。「頑張れ」という言葉は炭治郎を象徴するものですが、この言葉こそ炭治郎が心の盾「努力せよ」を持った頑張り屋さんであることを表します。

頑張り屋さんは、自分に対して「〇〇するように努力します」とか、「最善を尽くしたいと思います」という言葉を発する傾向にあります。

また、心の盾「努力せよ」には、2種類の行動傾向があるといわれています。

①「（自らの努力のために）自分で何でも決めたい」という傾向
②「努力することに意義がある」と考える傾向

このどちらか、また2つを持つ場合があります。

炭治郎は特に、「努力することに意義がある」との傾向が強いようです。それを表すように、冨岡義勇に禰豆子を殺されそうになった時に、義勇に対して、

「きっと禰豆子を人間に戻す　絶対に治します」

「家族を殺した奴も見つけ出すから　俺が全部ちゃんとするから」

と言っています。

「絶対に治します」は、「絶対に治すように努力する」、「俺が全部ちゃんとするから」は「最善を尽くす」と同じ思いが入っていると思います。

また、**頑張り屋さんは眉間にしわを寄せて、相手の様子をうかがうしぐさをとる**ことも特徴です。1巻の表紙を見ると、禰豆子を抱いた炭治郎が眉間にしわを寄せて、あたりをうかがっている絵が描かれています。同様に第5話（1巻）で、狐の面を被った錆兎《さびと》と最後の真

剣勝負をする場面でも、

「今日こそ勝つ」

と言いながら眉間にしわを寄せています。また、２巻で地面に潜む沼の鬼との闘いでも、この表情が随所に見られます。

さらに、頑張り屋さんの特徴として、**自分だけでなく「他人に努力をさせる行為」をとる**ことがあります。「え？　よく聞こえない。もう一度言って」「何ですか？」「意味がわからない」などの言葉が挙げられます。

炭治郎の行動の様子を見ると、第1話の冒頭に、次の言葉があります。

「なんでこんなことになったんだ」

これは自分に向けて発せられていますが、「誰か答えがあるなら教えてほしい」との心の言葉と考えられるでしょう。

第10話（２巻）で、沼の鬼に恋人を殺された和巳という男性に事情を聴くために、

「ちょっとお話を聞きたいのですが　いいですか？」

という場面があります。何気ない、当たり前の問いかけに見えるかも知れませんが、これ

も心の盾「努力せよ」が表れたセリフです。炭治郎はこの程度の問いかけですが、人によってはしつこく質問するとか、相手にさらに努力を強要するという形になることもあります。

この部分が心の盾「急げ」を持つ伊之助だったら、「この辺に鬼がいるだろう？　どこだ？早く探し出す必要がある。人に聞いている暇はねえ！」となるでしょうか。「完全であれ」の善逸だと、「鬼の居場所など聞きたくない。死ぬ。死ぬ」でしょうか。いずれにしても、このセリフから考えられる炭治郎の心の盾は「努力せよ」だと思われます。

◆炭治郎の破滅の爆弾はなにか？

第1章で述べたとおり、破滅の爆弾は幼児期後期までにもっぱら母親（または、それに代わる人）から与えられます。**破滅の爆弾は無意識の中にあり、外からは見えにくい**のが特徴です。その人がおかれた環境や行動から推測する必要があります。

それでは炭治郎の破滅の爆弾を調べましょう。

まず、炭治郎の成育歴をみると、父親を早くに亡くして、父親の代わりに炭治郎が炭を焼いて町に売りに行き、家族を養っています。兄弟姉妹が多く、自分を滅してでも兄弟姉妹を養わなければならない環境です。

このように、**兄弟姉妹が多く自分を滅して育った場合は、破滅の爆弾「お前であるな」を有している場合が多い**です。破滅の爆弾「お前であるな」を持つ人は、自分の中にある劣等感を補おうとして異常な努力を繰り返すとされます。また、他の人のようにならなければならないと思ったり、あるがままの自分ではいけないと思ったりします。

炭治郎は、育手《そだて》の鱗滝左近次《うろこだきさこんじ》と出会って、山のお堂で鬼を倒してから左近次の家に行く道の途中で、禰豆子のことを思います。

「きっと人間に戻してやるから　きっといつか綺麗な着物を買ってやる　みんなにしてやれなかった分まで全部お前に」（第3話）

これは炭治郎が己の非力さゆえに、禰豆子を人間に戻せない悔しさが見受けられます。また、家族が鬼に殺されたのも自分が非力であるからで、死んでしまった兄弟たちに美味しいものを食べさせたり、禰豆子に綺麗な着物を買ってあげられなかったのも、自分が非力であるからだと考えています。

つまり、**炭治郎は「弱い」「非力」であるということに劣等感を抱いている**と考えられます。

その後、この「弱い」「非力」を克服するために壮絶な修行をするのですが、まさに、劣等感を刺激する「お前であるな」の働きのようです。

◈破滅の爆弾と心の盾「努力せよ」からわかる行動パターン

「三つ子の魂百まで」と言うことわざがありますが、**幼児期に与えられた心の盾と破滅の爆弾の組み合わせによって、人はある決まったパターンの行動を繰り返し行うようになります**（これは専門用語では「人生脚本」と呼びます）。この行動のパターンは、生活の中で主にストレス場面において表に現れてきます。

この心の盾と破滅の爆弾の関係は、**「心の盾が破滅の爆弾を隠す」**という法則があります。破滅の爆弾が爆発すると己の破滅に繋がるので、そうならないように、普段は心の盾で破滅の爆弾を隠しているのです。

炭治郎の心の盾は「努力せよ」、破滅の爆弾は「お前であるな」であることから、「努力せよ」が「お前であるな」を隠します。つまり、**努力をしている間は「お前であるな」が隠され、自分が自分でいられる**ということです。

炭治郎は、努力をしている間は自分でいられると無意識で感じているので、ひたすら努力を続けます。しかし、「努力ができなくなると、自分でいられない」との思いが心の内側から出てきます。

炭治郎の「努力ができない」というシーンはあまりないのですが、第1話で冨岡義勇に命乞いをするシーンが唯一当てはまる場面でしょう。禰豆子が殺されそうになりますが、義勇は鬼殺隊の柱で、炭治郎が勝てる相手ではありません。いくら努力をしても無駄な相手なのです。自分の努力が無駄と悟った炭治郎の行動は、義勇にお願いをすることでした。

「やめてください……どうか妹を殺さないでください……お願いします…」

その言葉を聞いて、義勇は怒ります。

「生殺与奪の権を他人に握らせるな!!」

つまり、努力しても敵わぬ相手に、炭治郎は生きる死ぬの権利を与え、「自分でいられない状態」を自ら作ったことになります。努力ができなくなって、自分が殺されてもかまわないという状況、すなわち「努力ができないと、自分でいられない（存在できない）」という状況に陥る行動をとっていることがわかります。

心の盾が働かない状況になると、このように隠されていた破滅の爆弾が表れます。

炭治郎にとって、努力できないことは炭治郎の死を意味すると同時に、物語の終わりを意味します。努力を続けることは、主人公として生まれた炭治郎の宿命でもあります。相手が柱である富岡だったからこそ見せてよいシーンであったかもしれません。

心の盾が働かないほどではありませんが、心の盾が弱まることで背後の破滅の爆弾が垣間見えるシーンがあります。第4話で、鱗滝に命じられた「大きな岩を斬る」ことができない炭治郎は、こう思います。

「俺　だめなのかな？　禰豆子は　あのまま死ぬのか？　わ―――っ　くじけそう!! 負けそう!!」

自分の努力が実らなくて、炭治郎は「努力をしている間は自分でいられる」が保てなくなり、「努力ができないので、自分でいられない（存在できない）」と背後から死の考えが出てきます。禰豆子の死を心配していますが、それは同時に禰豆子を人間に戻して幸せにすることができない、自分の死でもあります。

心の盾「努力せよ」を働かせられないと破滅の爆弾「お前であるな」が表れて、「努力ができないので、自分でいられない（存在できない）」という行動パターン通りの生き方です。

ただ、ここでは岩を斬るという訓練の場面であることから、本当の死を迎えることはありません。

もう一つ、第39話（5巻）で十二鬼月《じゅうにきづき》の蜘蛛の鬼に「血鬼術《けっきじゅつ》・刻糸牢《こくしろう》」という術をかけられたときに、炭治郎は死を意識します。「死」という言葉を発する直前の炭治郎の言葉が、**「だめだ　この糸は斬れない　まだ回転が足りない　さっきの糸とはまるで違う匂いだ」**というものです。「回転が足りない」という自分の努力を悔いる言葉が出ます。

いずれにしても、心の盾「努力せよ」が、破滅の爆弾「自分であるな」が表出してくるのを守っていることがわかります。

◈心の盾を使いすぎるとどうなるか？

破滅の爆弾は、言ってしまえば心の中に潜む「敵」です。炭治郎は破滅の爆弾「お前であるな」でしたが、人によっていろいろな破滅の爆弾を必ず1つは持っています。心の盾「努力せよ」を持っている人が「頑張る」ことができない場合、背後から何らかの破滅の爆弾が出てきます。

P20に挙げた破滅の爆弾のうち「存在に関するもの」以外を有している人にとって、「なんだか今日の自分はダメだな」と感じる言動が出ている時は、爆弾が爆発している時と思ってよいです。人によっては、自暴自棄になったり、ひねくれたり、他人に暴言を吐いたり、塞ぎこんだり、さまざまな形をとると思います。

これらの自滅の行為は、頑張り屋さんの場合、心の盾「努力せよ」が弱まった時に出ているのです。

では、心の盾は強く働かせることが良いのでしょうか?

頑張り屋さんたちは、心の盾の「駆られる」ような働きで、自分が疲れ果てるまで頑張ることがあります。ほおっておくと、体を壊したりします。

この頑張り屋さんのタイプでは、『吾輩は猫である』を書いた夏目漱石がいます。夏目漱石は、神経をすり減らしながら小説を書いて、最後に胃潰瘍から血を吐いて死んでしまいました。小説を書くという駆られる気持ちが収まらなかったのかもしれません。

心の盾は外部の敵(ストレス)から自分の心を守ってくれると同時に、働かせすぎると自らを追い詰めて心身を壊してしまうこともあるのです。

「頑張りすぎると心身に異常をきたす」「頑張りをやめたことで自滅の行動をとってしまう」

……なんとも難しいことです。

ここが重要なポイントになりますが、**心の盾は「働かせ過ぎず、緩め過ぎず」にうまくバランスを保つことによって、ストレスから自分を守る**のです。

ただし、どんなときも中程度のバランスを保つのではなく、外部から強い敵、つまり自分にとって鬼のように厄介な相手や一筋縄ではいかない仕事が飛び込んできたときは、心の盾の強度を上げて強く頑張らないといけません。敵と対峙しているときだけ強く努力をして、すぐに心の盾を中程度の位置に戻すのです。

「強く」や「中程度」と言われてもその感覚がわからないという人もいるかもしれません。日ごろから自分の心の状態や言動を観察しているとだんだんわかるようになるのですが、自分の感覚をつかむために次の方法を試してみてください。

◈心の盾の状態を知る「自己採点」

アメリカで活躍した精神科医のジョセフ・ウォルピが作った「主観的不安単位」という手法があります。言葉が難しいので、本書では単に「自己採点」という言葉を使いましょう。

方法としては大して難しくありません。**自分の感覚を10点満点で点数化してみる**ということです。

自分がものすごく努力をしてつらい思いをしたり、他人にも努力を強要してしまうほどに気を張っているときを10点として、まったく頑張る気力がわかず自暴自棄になりそうなときを0点とします。0～10点の間で心の中で簡単に点数をつけましょう。

「今日は可もなく不可もなく仕事を頑張った。まあ、5点ぐらいかなあ」

「今日は頑張りすぎてへとへとになった。でも充実感があるので8点！」

「ストレスも強く感じる中ですごく頑張った。疲れた。脱力感がある。10点」

「努力が何もかも無駄になった。もう何もしたくない。0点」

0点の時は自滅の気持ちが表れ始めているので、点数をつけることさえイヤになるでしょう。無理をしないで、破滅の爆弾が爆発をしないように心身を休めてください。

この採点を何日か継続しているうちに、徐々に自分の心の感覚がつかめるようになっていきます。毎日やらなくても、思い出したときにでもやっていると、そのうちにできてきます。

「努力せよ」だけでなく、すべての心の盾に対して使える方法です。

つい心の盾を働かせて「駆られる」行動をとってしまいがちな人にとって、心の盾を緩めるのは難しいかもしれません。

心の盾が10点に近くこれ以上は使えないと感じたとき、そして心の盾を働かせすぎてしまう人のために、「心の盾を軽くする言動」を紹介します。

◈心の盾を軽くする言動

心の盾が強すぎると破滅の爆弾を隠すことはできますが、心の盾そのものが強くなりすぎるとストレスが高まります。

心の盾を軽くする働きをする行動や言葉がけのことを、専門用語では「アロワー（許されるもの）」と言われていますが、ここでは「盾を軽くする言動」と呼びましょう。5つそれぞれの心の盾が強すぎる場合に対して、次の「盾を軽くする言動」を試してみてください。

①「努力せよ」↓「リラックスしてよい」「それさえやれば楽しんでよい」「自由になってよい」
②「他人を喜ばせよ」↓「自分を大切にせよ」「自分を優先せよ」

③「完全であれ」↓「ありのままでよい」「80％でよい」「不完全でよい」
④「強くあれ」↓「感情を出してよい」「弱みを見せてよい」「弱音を吐いてよい」
⑤「急げ」↓「じっくりやってよい」「のんびりやろう」「自分のペースでやろう」

これらの言葉を胸にとめ、心がけて行動をすることで心の盾の働きが緩んできます。

頑張り屋さんの心の盾「努力せよ」については「リラックスしてよい」「それさえやれば楽しんでよい」「自由になってよい」という言動がキーワードとなります。

例えば、これまでにずっと頑張っていろいろな難局を乗り切ってきた頑張り屋さんが、今度の仕事はとてもつらくて、根をあげそうになっています。その時、「この仕事が終わったら温泉に行こうか。たっぷり自分にご褒美をあげよう」と決めると、「それさえやれば、楽しんでよい」という自分へのメッセージになって、仕事を頑張った後に「努力せよ」の駆られる働きを緩めることができます。

心の盾のコントロールが苦手な人は、このときに一度緩めることができなくて次の仕事でも根を詰めようとする態度が見られます。ここで緩めることができるのは大切です。

◈「盾を軽くする言動」を持つ相手に腹が立つ？

「盾を軽くする言動」は、その人の心にかかるストレスを和らげるものです。いわば、その人の「駆られる生き方」と反対の生き方を強いる力にもなります。

すると、**心の盾「努力せよ」を持っている人が、その「盾を軽くする言動」をする人に接するときに相手に対して腹を立てることがあります**。

例えば、人一倍努力をして管理職にのし上がってきた人が、一仕事終えて軽い雑談をしている周りの社員に対して「何をさぼっているんだ！」などの言葉を吐いたり、部下に過剰な努力を要求するハラスメントのような行動をします。同様に、家の外で人一倍働いて帰ってきた親が、家で自由に振る舞っている子どもの様子に腹を立てたり、また、家事に仕事にと日夜奮闘している人が、自分の仕事を終えてリラックスしているパートナーの姿を見てつらい思いを敏感に感じたりします。

以上の例は、必ずしもリラックスしている人が悪いわけではないでしょう。その人だって、やるべきことを終えてゆっくりしている場合もあります。それでも**相手の「リラックスしている」という行動が気になるときは、頑張り屋さんの心の盾が非常に張り詰めている状態に**

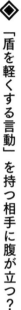

陥っているため、相手の「盾を軽くする言動」の行為をつらく感じてしまうのです。
炭治郎が他人のリラックスしたり自由に振る舞ったりする姿に腹を立てることはありませんが、一般に「盾を軽くする言動」にはそのような傾向があります。

◆炭治郎の代わりに休んでくれる禰豆子の存在

炭治郎は鬼を相手に生死を懸けて戦わなければならないので、心の盾を強く保っていなければなりません。いわば、努力することを強要されるような高ストレスが続いています。心の盾をどこかで弱めないと、炭治郎も高ストレスのもと、心身がボロボロになってしまいます。

しかし、炭治郎の行動を見ても、どこにも「盾を軽くする言動」を行っている場面が見当たりません。主人公だから……といわれると身も蓋もありませんが、炭治郎は「努力せよ」を働かせ続けており、リラックスしたり「その鬼だけを倒せば、後は楽しめる」という考えを持つ場面がありません。心の盾が強く働いている状態が続いてしまうと、疲れ切って抑うつ状態になったり、バーンアウト（燃え尽き）状態になったりします。

では、炭治郎はなぜ破綻することなく緊張状態を続けられるのでしょうか？　一つには、炭治郎の代わりに休んでくれる禰豆子の存在があるからだと思われます。

炭治郎と禰豆子は、二人で一つの心を持っているように見えます。この時、二人で一つの心の働きをすることがあり、炭治郎のストレス発散を禰豆子が代わりに行うことがあります。炭治郎が鬼と戦っている時（特に1～2巻の頃）、禰豆子は炭治郎の背中の木箱の中にいたか、鱗滝左近次の家で寝ていました。

心理学、特に交流分析では、これを**「共生」**といいます。人間の心は親のように相手を思いやったり厳しいことを言う「親の心」、状況を判断して有利に行動する「大人の心」、欲望のままに振る舞ったりいい子になろうとする「子どもの心」があります。この3つの心を備えて、一人の人間の心として機能します。

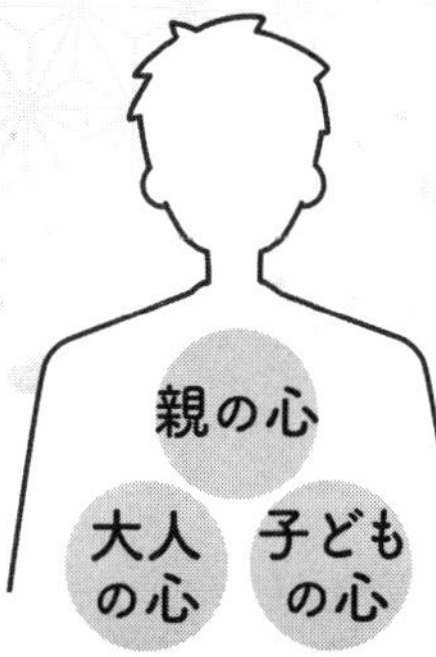

人間に備わる3つの心

しかし、**この3つの心が二人の人間に別々に割り当てられて機能することがあります。**

例えば、非行を繰り返す少年が家の外で悪さをして家に帰ってきて、母親の作ったご飯を食べながら「お前がきちんと育ててくれなかったから俺は非行に走っ

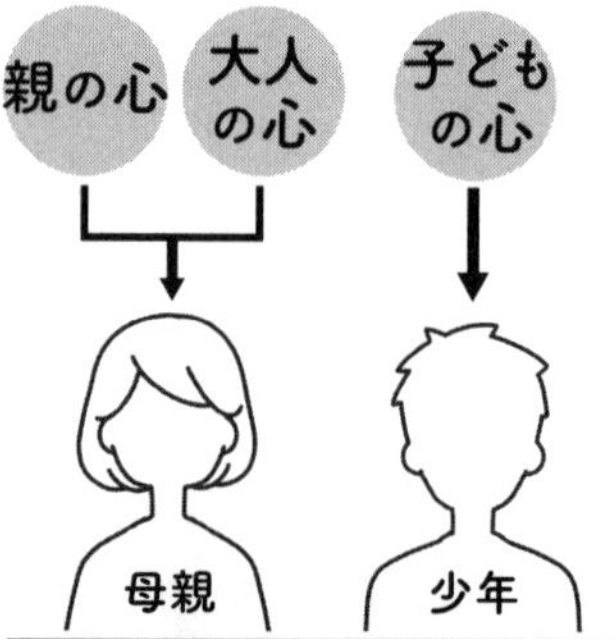

3つの心を2人で分ける

た」のような悪態をつきます。この家庭は、母親は父親と離婚して一人で少年を育てています。

二人の心の状態を見ると、まじめに働き慈しんで非行少年を育てる「親の心」と、生計を考える「大人の心」は母親が分担をして、欲望のまま遊ぶ「子どもの心」は少年が分担しています。母親と非行少年で一つの心になっています。この時、母親は根を詰めて働いており遊ぶことはしません。二人で一つの心を分担しているので、少年が働かず遊ぶことで、母親は自分の「遊びたい」という心の動きを少年により満たしているのです。逆もまた然りで、母親が育児放棄をする場合など、子どもが「親の心」「大人の心」、母親が「子どもの心」を担当することもあります。

この心の働きが、炭治郎と禰豆子の間で見られるのだと考えられます。

禰豆子は非行少女ではありませんが、鬼にされて体力を回復するべく寝てばかりいる姿は通常であれば「寝る」という欲望を満たす行為であり、「子どもの心」を満たしています。悪い鬼を批判して退治をする「親の心」と、正しい人間を助ける慈しみの心、そのために力をつけて戦う「大人の心」は炭治郎が受け持ちますが、欲望のまま振る舞う「子どもの心」は禰豆子が担当します。**二人で一つの人間の心を形成していて、炭治郎がストレスフルの状況になればなるほど、禰豆子が寝ることで炭治郎の心をリラックスさせている**のです。

この二人がやがて独立してそれぞれの心を持つとき、禰豆子は、炭治郎が鬼と戦っているときに寝ることがなくなっていくでしょう。その炭治郎と禰豆子の共生関係が解消されるのが、禰豆子が日の光を克服したときだと思います。

第126話（15巻）で、禰豆子は太陽の下に立ちました。直後に珠世《たまよ》から、禰豆子が自我を取り戻しながら、日の光を克服していくとの解説がありました。

共生関係にある者が、自我が強くなり自分の理性（大人の心）をもって物事にあたるようになると、共生関係が終了することになります。非行少年も強い自我を獲得して母親に依存することがなくなると、自分自身の心を持つのです。

禰豆子が日の光を浴びながら「おはよう」「だいじょうぶ」「よかったねえ」と自分の意思で言葉を発して自我の片鱗《へんりん》を見せたとき、炭治郎は「よかった」と安心のあまり眠りにつきます。禰豆子に寝てもらわなくても、炭治郎は自分の「子どもの心」を使って休むことができたのです。共生関係が終わる象徴的な場面です。

「頑張り屋さん」の特徴とストレスへの対処法

◆行動の特徴

・「〇〇するよう努力する」「最善を尽くす」といった類の言葉遣いが多い。
・「え?」「よく聞こえない、もう一度言って」「意味がわからない」など、他人に努力を促す言葉を発することが多い。
・眉間にしわをよせて相手をうかがう仕草が見られる。

◆対人関係で気を付ける点

・努力することに意義を求めるあまり、他人にも努力を過剰に要求することがある。
・何でも自分で決めたいと思うことがある。
・相手が楽しんだり、自由に振舞っていると、嫌悪感を抱き腹を立てることがある。

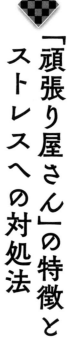

◆ストレスとの向き合い方

・頑張り続けると、頑張ること自体が強いストレスになる。
・頑張ることを止めると、背後から自滅の思いが起こってくる。
・自己採点をしながら、自分の心の盾の調節を図ってみる。
・「盾を軽くする言動」である、「リラックスして良い」「それさえやれば楽しんで良い」「自由になってよい」を自分の言葉や行動に取り入れる。

◆強い心を持つために

・外からの敵には努力をして立ち向かう必要があるが、ストレスをため込む前に「盾を軽くする言動」を使って、頑張りを緩める意識を持つ（破滅の爆弾には注意）。
・そのうえで、自分が嫌悪感を抱く相手に対し「このような生き方も自分には必要かもしれない」と考える柔軟性を持てると、心の幅が広がりストレスに負けない強い心を持てる。

「繊細さん」の炭治郎

続いて、炭治郎のもう一つの心の盾「他人を喜ばせよ」について解説していきます。心の盾「他人を喜ばせよ」を持つ人は、「繊細さん」という言葉で表現します。

なお、**鬼殺隊員は多かれ少なかれ、この「他人を喜ばせよ」を皆持っています**。ここでは特に強く出る場合を述べます。

◈炭治郎が「繊細さん」である理由

炭治郎の初登場は、第1話の鬼に食われた禰豆子を担いで医者の所に運ぶシーンですが、物語の時系列としては、1日前の炭治郎が炭を売りに行くシーンが先になります。

ここで母親から「**雪が降って危ないから行かなくてもいいんだよ**」と言われた炭治郎は、「**正月になったらみんなに腹いっぱい食べさせてやりたいし**」

と答え、自分のことよりも家族（他人）を喜ばせようとする言動が見られます。

この時点で、炭治郎の心の盾が「他人を喜ばせよ」である可能性が見えてきます。

また、繊細さんの傾向として、相手の話に「うんうん」とよくうなずく身振りをしたり、「〜でしょう？」「ん？」「いい？」「〜みたいな？」「〜とか？」といった疑問の言葉を会話の間にさしはさみます。これは**相手や自分を評価しながら、自分のとるべき行動をさぐっているのです。**

炭治郎の言葉を見ると、第2話で炭治郎と禰豆子が鱗滝のところへ行く途中に、お堂で遭遇した鬼を斧で木に固定します。その時、

「鬼は　たくさんいるのだろうか」

と鬼や周囲の様子を探り、評価をする疑問を発します。また、鱗滝に連れられて狭霧山《さぎりやま》に登る途中、**「ここから山の麓《ふもと》の家まで下りてくること　今度は夜明けまで待たない」**という鱗滝の言葉に、炭治郎が、

「えっ　それだけ？」

と疑問の言葉を頭に浮かべます。「えっ」というのは、「ん？」と同じで、「それだけ？」は自分の思っていた訓練への評価と違うことからの疑問の言葉です。物語中の炭治郎には、

疑問の言葉をさしはさんで鬼などの相手を評価する行動があちらこちらに見られます。

また、繊細さんは相手の態度や表情、言動、気分の変化に敏感な面もあります。**相手の気持ちを読んで、手を差し伸べて助けたいという気持ちも強い**です。

炭治郎の行動を見ると、自分が成敗した鬼を殺すときに相手が苦しまないような方法をとろうとします。これは、「困っている人に手を差し伸べる行動」です。最終選別で異形の手鬼を成敗した時（第8話）、鬼の手を握りしめ、

「神様どうか　この人が今度生まれてくる時は　鬼になんてなりませんように」

と祈ります。

心の盾「他人を喜ばせよ」を持っている人の特徴の一つに、**相手にプレゼントをしたがる**ことがあげられますが、鬼への癒しの言葉は炭治郎のプレゼントかもしれません。

鱗滝が初めに鬼殺隊員として炭治郎へ下した評価も「思いやりが強すぎてだめ」というものでしたが、これも心の盾「他人を喜ばせよ」の特徴です。

以上のことから、炭治郎は心の盾「他人を喜ばせよ」を有していると思われます。

◈「お前であるな」と「他人を喜ばせよ」からわかる行動パターン

炭治郎は破滅の爆弾「お前であるな」を持っていました。そこで、炭治郎のもう一つの心の盾「他人を喜ばせよ」と破滅の爆弾「お前であるな」の関係について考えてみましょう。

すでに述べたとおり、炭治郎の心の盾「他人を喜ばせよ」も、破滅の爆弾「お前であるな」を隠します。つまり、「他人を喜ばせている間は自分でいられる」というものになります。

これが行動パターンになり、**炭治郎はストレス場面において他人を喜ばせていなければ、存在に関わる破滅の爆弾が働き、「自分でいられない」という気持ちが湧き上がります。**

炭治郎の行動の中でこのパターンが顕著に表れるのが、鬼を倒す場面です。

最終選別で戦った鬼のみならず、鼓《つづみ》を打つ鬼に対しても、鬼の首を打ち落とす瞬間に「**君の血鬼術は凄かった!!**」と死にゆく鬼が喜ぶ言葉をかけます。また、蜘蛛の糸を操る母鬼を殺す瞬間に「干天《かんてん》の慈雨《じう》」という技に切り替えて、死の瞬間に相手がほとんど苦痛を感じない方法をとります。ここでも、少しでも相手を喜ばす方法を選びました。

「他人を喜ばせなければ自分でいられない」という行動パターンである以上、炭治郎は鬼を殺す瞬間でも相手を思いやる優しさが出てしまいます。

心の盾「他人を喜ばせよ」からにじみ出てくるこの他人を思いやる気持ちこそ、炭治郎の魅力でもあります。「罪を憎んで人（鬼）を憎まず」という考えが見られる人間肯定の気持ちや、命のやり取りをした相手を尊重する武士道にも繋がる気持ちは、多くの人の共感を生むキャラクターであろうと考えます。

なぜこの炭治郎のキャラクターが読者の共感を呼ぶのでしょうか。それは、**「他人を喜ばせよ」という考えが、人間社会を円滑にする基本である**からだろうと考えます。

少し古い研究ではありますが、２００３（平成15）年に土木学会（豊田都市交通研究所と大同工業大学の共同研究）が、交通事故を2回以上起こした人の心の盾を調べたところ、「他人への思いやりがなく自己顕示欲が強い人」との調査結果が明らかになったことがありました。そうでない事情の方もいたのでしょうが、少なくとも交通社会では、「情けは人の為ならず」という言葉にもあるように、心の盾「他人を喜ばせよ」を持っていることが事故のない運転を行うために大切だといえます。

己の利益を追求する人ばかりだといずれ自分に害が及ぶかもしれない。そのような考えから、我々は炭治郎の優しさを好むのかもしれません。

◈炭治郎が「他人を喜ばせよ」を使わない瞬間

それでは炭治郎が、心の盾「他人を喜ばせよ」を使用しない場合、どのような行動をとるでしょうか？

炭治郎は心の盾「他人を喜ばせよ」と「努力せよ」の2つを持っていました。「他人を喜ばせよ」が働かないと、破滅の爆弾の導火線に火がつきます。**それを防ぐために、もう一つの心の盾「努力せよ」が激しく働く**と考えられます。

ほとんどの鬼には人間から鬼に身を落とすに至った悲しい過去があり、その悲しみを嗅ぎ分けられる炭治郎は心の盾「他人を喜ばせよ」が反応したのでした。そんな炭治郎に「他人を喜ばせよ」の気持ちを起こさせない鬼がいました。上弦《じょうげん》の肆《し》の鬼・半天狗《はんてんぐ》です。

半天狗はほかの鬼とは事情が違い、人間だったころから盲人と嘘をついて、盗みを働き人を殺してきた過去があります。さらに第116話（14巻）で、自分の分身の鬼「憎珀天《ぞうはくてん》」が鬼を追い詰める炭治郎に、「弱い者をいたぶる極悪人」という趣旨の言葉を吐きます。

それを聞いた炭治郎は、

「大勢の人を殺して喰っておいて　被害者ぶるのはやめろ!!　捻《ね》じ曲がった性根だ　絶対に

許さない　悪鬼め…!!　お前の頚《くび》は俺が斬る!!」

と憎しみを向けます。鬼を前にして炭治郎の心の盾「他人を喜ばせよ」が働かなくなった瞬間であり、破滅の爆弾の導火線に火がついた瞬間です。そうしないために、炭治郎はもう一つの心の盾「努力せよ」をフルに動かして「**お前の頚《くび》は俺が斬る!!**」と言い放ちました。

これが炭治郎の「強さ」の秘訣でもあるのですが、**炭治郎は2つの心の盾を持ち、その2つともが働くことで、心を二重に守ることができるのです**（二重の構造）。

①心の盾「努力せよ」で心の盾「他人を喜ばせよ」を守る

②さらに、心の盾「他人を喜ばせよ」が、破滅の爆弾「お前であるな」を守る

このような構造になっていることで、炭治郎は「他人を喜ばせよ」が働かなくなってもすぐに破滅の爆弾を爆発させるようなことには陥りにくいのです。２つの心の盾と破滅の爆弾は次のような関係性になります。

①努力をしている間は、他人を喜ばせなくてよい

②努力を止めると、他人を喜ばせないといけない

③他人を喜ばせている間は、存在できる
④他人を喜ばせないと、存在できない

相手への憎しみのあまり心の盾「他人を喜ばせよ」が働かなくなった炭治郎は、より死の淵に追いやられます。第122話で木の竜の頭から怒涛の攻撃を受け、死の一歩手前まで追い詰められます。ここは恋柱の甘露寺蜜璃《かんろじみつり》にかろうじて助けられますが、ピンチは続きます。第124話で、鬼の本体が隠れている木の竜にしがみつきながら、

「振り落とされるな!! 頑張れ頑張れ!!」

と「頑張れ」を連呼します。しかしまたしても半天狗は炭治郎たちから逃げ、第125話で逃げる半天狗を追いかけます。

「延々と逃げ続ける気だな(中略)そんなことさせない!! 俺たちが お前には勝たせない」

「逃がさないぞ…地獄の果てまで逃げても追いかけて 頸を 斬るからな…!!」

このあたりの炭治郎のセリフには鬼気迫るものがあり、心の盾「努力せよ」を強く働かせていることが見て取れます。この非常に強いストレス場面において、努力をしないと破滅の爆弾が爆発してしまう炭治郎はひたすら努力を続けます。

ようやく半天狗の頚を斬り努力をしなくなった時に、炭治郎の死の代わりに禰豆子の共生の「死」が訪れました。炭治郎もその姿を見て気を失いますが、これは努力の必要がなくなったため「役目をやり終えた、後は自由にしてよい」という「盾を軽くする言動」の状態になったといえます。

このように、炭治郎は2つの心の盾を巧みに使って自分の心を守っています。また、心の盾の切り替えだけでなく、心の盾の強弱もうまく利用して困難を乗り切っています。

◈繊細さんたちのストレスのかかり方

繊細さんは、**他人の気持ちをうかがいすぎて、自分の本当の気持ちを押し殺してしまうことでストレスがかかります**。

一般的に繊細さんは、もっぱら父親（またはそれに代わる人）によるしつけの中で、父親の意向に自分の気持ちを合わせようとする「良い子」を演じたことが習慣となっている場合があります。

炭治郎の場合は無理して「良い子」を演じているようには見えないので、これはひとえに家族間の信頼関係が強いことによるでしょう。しかし、**無理に「良い子」を演じて心の盾「他人を喜ばせよ」を身につけた場合は、心のどこかに「怒り」が残っている場合があります。**

その場合、目上の人などのアドバイスを聞いても、一度は受け入れますが、結局それに従わないという行動も起こります。

会話の中で、相手にアドバイスを求めているのにそれを否定する、「はい。でも～」という言い回しをしたことはないでしょうか。または、身近にそうした人はいないでしょうか。


「先輩。この仕事のやり方を教えてほしいのですが」

「この仕事は時間をかけて覚えるものだから、あせることはないよ」

「はい、わかりました。でも、何かコツのようなものを知りたいです」

「そうか。じゃあ、明日また来てもらっていいかな。コツを見せるから」

「はい、明日ですね。でも、言いにくいのですが明日は仕事が立て込んでいて」

「じゃあ、今、簡単に教えよう。これからいいかな？」

「はい、嬉しいです。でも、今日はまだ心の準備ができていなくて……」


このように、「はい」と肯定して「でも」と否定することが永遠と繰り返されると、アドバイスをする側もがっかりしてしまいます。

また、言葉にしなくても、相手がとても熱心に質問をしてくれたことに応えていくつかアドバイスをしたのに、後日聞いてみたら、全然アドバイス通りにやっていないということもあります。**盛り上げておいて後で落とす**というのは、心の盾「他人を喜ばせよ」を持つ人によくある行為です。

これは、無意識の中にある心の中の父親（それに代わる人）への復讐なのですね。

いずれにしても、繊細さんたちは他人の顔色や評価をうかがい、それに合わせて過ごそうとするあまり強いストレスを感じます。

また、繊細さんは時にイヤな人の機嫌さえも損なわないような行動をとることがあります。いじめを受けても、いじめる相手の顔色を見てはっきりと「イヤだ」と告げられないでいる人は、心の盾「他人を喜ばせよ」が働いていることがあります。

この場合、**心の盾を強く働かせていじめ相手に気を使っているので、自分の心を守ることはなく、ストレスが多い生活になります**。それでは、他人を喜ばせなければ良いかと言うと、心の盾の働きを止めると破滅の爆弾が爆発します。

ここでも、他人を喜ばせ過ぎないうえで、喜ばすことも止めない程度のバランスが必要になります。自分の心の盾の強さが、イヤな人の顔色までもうかがってしまう程度の強いものかを振り返ってみて、必要なら「盾を弱める言動」を用いて、心の盾を弱める言葉や行為を心がける必要があります。

繊細さんは自分だけでは「盾を弱める言動」ができないことがあるので、時に他人の力も借りましょう。有効な方法はロールプレイです。イヤな人役を家族や友人にやってもらい、「盾を弱める言動」をしたり、イヤな人にはっきりと「イヤ」と言う練習をします。練習をしていくと徐々に、心の盾をコントロールできるようになります。

◈「他人を喜ばせよ」を軽くする言動

心の盾と反対の「盾を軽くする言動」は心の盾の緊張を緩め、ストレスを軽減させてくれますが、時に「盾を軽くする言動」に腹を立てることがあることは、「努力せよ」のところ（P53）で述べました。

心の盾「他人を喜ばせよ」の「盾を軽くする言葉」は、「自分を大切にせよ」「自分を優先せよ」です。

炭治郎は、あまりに自分を優先しすぎる「自分を喜ばせよ」というパターンに従って生きている者を嫌う描写が見られます。それは鬼が、変形させた心の盾「自分を喜ばせよ」を基本的に有しているからです。「自分を喜ばせよ」を持つ筆頭が、鬼舞辻無惨です。

第181話（21巻）で、炭治郎と義勇が鬼舞辻無惨と対峙し会話をする場面があります。そのとき無惨が放った言葉は、

「身内が殺されたから何だと言うのか　自分は幸運だったと思い元の生活を続ければ済むこと」

という、鬼が人を殺して喰うのは災害だという正当化の言葉です。さらに続けて、

「死んだ人間が生き返ることはないのだ　いつまでもそんなことに拘《こだわ》っていないで　日銭を稼いで静かに暮らせば良いだろう」

と言って、鬼殺隊は異常者の集まりだと、戦いを終わりにしたいのはむしろ自分の方だと告げます。あまりに自分勝手で、心を軽くする言動「自分を大切にせよ」「自分を優先せよ」の極みです。

この時、自分勝手な無惨に対して、炭治郎の心の盾「他人を喜ばせよ」が働きません。背後から、存在に関わる破滅の爆弾「お前であるな」が表れます。この時、光を失った目で炭

治郎は言います。

「無惨　お前は　存在してはいけない生き物だ」

この「お前であるな」など人間の存在に関する破滅の爆弾は、必ずしも自分に表れるとは限りません。**「他人を存在させたくない」という表れ方をすることもあります**。通り魔殺人などのニュースで、犯人の「死にたかった。殺すのは誰でも良かった」という供述を耳にしたことがあるかと思いますが、あれは破滅の気持ちを自分だけでなく他人にも鏡のように映しだす「投影」という心の働きによるものです。

無惨に放った「存在してはいけない」という言葉は、炭治郎の「お前であるな」が表れた言葉なのです。

「繊細さん」の特徴とストレスへの対処法

◆行動の特徴

・会話の途中でうなずいたり、「〜でしょう?」「ん?」「〜みたいな?」「〜とか?」という疑問の言葉を差しはさむ。

・相手の態度や表情、言動、気分の変化、また相手からの評価に敏感な面がある。

・相手の気持ちを読んで、手を差し伸べて助けたいという気持ちが強い。

・相手にプレゼントをして、喜ぶ姿を見たがる。

◆対人関係で気を付ける点

・イヤな相手に対してすら機嫌をとったり、顔色をうかがうことがある。

・「上げて落とす」という対応をとる場合があり、相手から不信を買うことがある。

・「自分を大切にする人」「自分を優先にする人」に嫌悪感を抱くことがある。
・感情を抑えたり自己犠牲を強いるあまり、体調を崩してしまいがちである。

◆ストレスとの向き合い方

・他人の評価や顔色をみて過ごすことが強いストレスを生む。
・「他人を喜ばすこと」を止めると、背後から自滅の思いが起こってくる。
・適度に自分の感情を表出することが必要。
・「盾を軽くする言動」である「自分を大切にすること」「自分を優先にすること」を自分の言葉や行動に取り入れて、心の盾を緩める。

◆強い心を持つために

・時には「自分を甘やかしてもいい、自分の思うままに振舞っていい」という気持ちを持つことが大切。本当にその相手を喜ばせなければならないのか、自分の心の声をよく聞く。程よく他人を喜ばす方法を使えるようになることで、より良く生きられる。

「慌てん坊さん」の伊之助

続いて、伊之助の分析をしていきます。

伊之助は心の盾「急げ」を強く持っていて、考えるよりも先に体が動くという人です。「慌てん坊さん」と言い換えることもできるでしょう。伊之助の心の盾と、破滅の爆弾の使い方をみてみましょう。

◆伊之助が「慌てん坊さん」である理由

頭に猪の面を被り、「猪突猛進」と言いながら猛ダッシュで行動することが多いのが伊之助というキャラクターです。作品の中ではとにかく素早く動き回ります。この時点で伊之助の心の盾は想像がつくかもしれませんが、第26話（4巻）で善逸が伊之助のことを、

「五人めの合格者…　最終選別の時に　誰よりも早く入山して誰よりも早く下山した奴だ!!

せっかち野郎!!」

と述べています。このことから伊之助の心の盾は「急げ」である可能性が高いと見て、それをこれから確かめていきます。

心の盾「急げ」を持つ人の言葉遣いとして、**「急げ」「早く」「さっさと始めなさい」「さあやろう」「時間がない」などの言葉**が見られます。『鬼滅の刃』を読み込んでいる人ならもうピンときているかもしれませんが、伊之助の言葉遣いを見てみましょう。

第26話で禰豆子を殺そうとする伊之助と炭治郎が争いになります。鬼殺隊員同士が刀を抜いて戦ってはいけないと言う炭治郎に対し、伊之助は、

「じゃあ素手でやり合おう…!!!」

と言います。これは心の盾「急げ」の特徴である言葉「さあやろう」にあたると思われます。

さらに、心の盾「急げ」を有する人は次の3つの行動の傾向を持つとされます。

①他人より優れていたいと思う
②多くのことを同時にやろうとする
③他人に自分の弱みを指摘されると腹が立つ

第27話で目覚めた伊之助はすぐに**「勝負勝負ゥ!!」**と言いながら炭治郎に挑み、そのあとに**「他の生き物との力比べだけが　俺の唯一の楽しみだ!!」**と言い放ちます。これらは①ですね。

同じ場面で鬼に殺された人の遺体を埋葬しようとしない伊之助に炭治郎が、**「傷が痛むから　できないんだな?」「伊之助は休んでいるといい」**などと、（炭治郎は優しさからでしょうが）伊之助の弱みにつけこむような発言をして憤慨させます。これは③になります。

これらのことから、伊之助の心の盾は「急げ」であることがわかります。

また、**伊之助の二刀流にも「急げ」が表れていると考えられます**。一本の刀では間に合わなくて、同時に多くの敵を「急いで」斬るために二刀流を選んだのでしょう。殺傷能力をさらに上げるために刀の刃を凸凹にしていることも同様の理由と思われます。一本の刀より二本の刀、真っ直ぐな刃より凸凹の刃という行動には、同時に多くのことをやろうとする伊之助の心の盾「急げ」が表れています。これは先ほどの特徴の②ですね。

◈心の盾「急げ」の作られ方

心の盾「急げ」は、父親（またはそれに代わる人）から「早くしなさい！」「もたもたしない！」などと厳しく言われるうちに身につけたものです。

家族で出かけるときに「早く服を着替えなさい！」「もたもたするんじゃないの！」と言われたことのある人も多いかもしれませんね。怒られると泣きたくなりますが、急ぐとお父さんはニコニコします。こうしたストレスやプレッシャーを減らすには急ぐことが大切だと子ども心に学ぶと、「ストレスを受ける場面では、急がなければならない。急ぐと親は喜び、ストレスが減る」と考えたり、行動するようになります。

このような状況から、**ストレスを減らしたり、ストレスに対抗するために、急ぐような言動や考えを持とうとする**ようになります。実際に急ぐことで本当にストレスを解消できることは少ないのですが、心の盾「急げ」は自分の破滅を防ぐように利用されはじめ、精神的な危機が起これば急げばいいというパターンが出来あがります。

伊之助の場合は、猪に育てられたとされています。猪は、獣ゆえに「急ぎなさい！」「もたもたするな！」という言葉をかけることはありません。しかし、**急がないと獲物を取り逃して、飢えに苦しむことが予想されます**。飢えないために他の動物より速く動くというのは、言葉にしないまでも、野生の世界、特に猪の世界では大切な行動だったのでしょう。

親の猪から「生き残る（プレッシャーから逃れる）ための術《すべ》としての急ぐ動作」を言葉でなく身をもって体験したと考えられます。

つまり、急ぐことで、ストレスをやり過ごせるようになったということです。

◆伊之助の破滅の爆弾「考えるな」

伊之助は、赤ん坊の頃に親に捨てられ、猪に育てられました。その経歴を見ると、伊之助は「考える」という習慣がなく、感情に任せて他の獣と戦ったり、農作物を荒らしたこともあるかもしれません（10巻収録の番外編では民家の庭に入り込んでいましたね）。

そこで、伊之助の破滅の爆弾は「考えるな」であると推測されます。破滅の爆弾「考えるな」を有する人は、一般に次のような親に育てられた場合が多いです。

①子どもの考えを受け入れない親

子どもが自分の考えを親に語っても、親が子どもの考えを褒めたりすることなく、逆に「子どもらしくない」「生意気なことを言って」「口答えをして」などと言って考えること自体を否定することがあります。こんな時に「考えるな」が与えられます。

②先回りして答えてしまう親

例えば「ぼうや、年いくつ?」と聞かれた時に、親が先に「うちの子は3歳なのですよ」などと答えてしまうと子どもは考えることをしなくなります。これが積み重なって「考えるな」が身につくこともあります。

③子どもが表す感情を優先して物事を解決してしまう親

子どもがおもちゃなどを親に買ってもらいたいときに、ひたすら怒ったり泣いたりして望みを叶えることがあります。つまり、親に交渉したり知恵を絞って問題を解決するのでなく、感情を表出するだけで解決しようとします。この場合も、「考えるな」が身につきます。

伊之助は猪に育てられたとあるので、考えよりも怒りなどの感情を表して、獲物を狩るなどをしていたと考えます。そうすると③で記したとおりに、破滅の爆弾「考えるな」が身についたと考えます。

◈「急げ」と「考えるな」からわかる行動パターン

伊之助の心の盾は「急げ」で、破滅の爆弾は「考えるな」でした。炭治郎と同様に、伊之助の心の盾と破滅の爆弾をふまえて行動パターンがどのように形成されているかを見ていきましょう。

心の盾「急げ」が破滅の爆弾「考えるな」を隠して、表に出さないようにします。外部からの刺激によって破滅の爆弾「考えるな」が活発になると、敵（鬼）の様子や自分の置かれた状況を考えられなくなるので、破滅に陥る前に心の盾「急げ」が心を守ります。

つまり、「急げ」は「考えるな」が働かないように隠しているので、**「急いでいる限り、考えることができる」**というのが伊之助の行動パターンです。普通は「考えるために急ぐのをやめる」のですが、伊之助は考えるためには急ぐという両立しにくい行動をとります。

本当にそうなのか、『鬼滅の刃』の場面を見てみましょう。

第28話（4巻）で、那田蜘蛛山《なたぐもやま》に入った炭治郎が鬼殺隊員の村田さんから状況を聞こうとしたときに、伊之助は、

「さっさと状況を説明しやがれ　弱味噌が!!」

と声を上げます。伊之助が考えるために、相手にも急いでもらわなければならないのです。

また、注目をすべきは「弱味噌」という言葉で、おそらく「弱い脳みそ」のことと推測されますが、相手の「考える力」を否定しています。急いでいるとき、伊之助は他人より考えることができると無意識で自負をしています。

さらに、第29話で蜘蛛の糸に操られた隊員に斬りかかられたとき、伊之助はそれを素早く避けながら、

「こいつらみんな馬鹿だぜ!!　隊員同士でやり合うのが御法度だって知らねえんだ」

と述べます。伊之助自身が素早く動けば動くほど、隊員を「馬鹿」とののしり、頭を働かせて考えていることがわかります。

それでは、伊之助が素早く動かなくなって、鬼と対峙したときはどうなるでしょうか。

第31話で頚のない鬼と出会ったシーンで、伊之助は炭治郎と立ち止まったまま呆然とします。立ち止まり急いでいない時の伊之助の言葉は、

「アイツ急所が無ェ《ね》ぞ　無いものは斬れねぇ!!　どっ……　はァ!?　どうすんだ　どうすんだ」

と狼狽し、考えることができません。炭治郎が即座に「袈裟斬りにするんだ」と代わりに

考えて述べています。炭治郎の助けを得て再び素早く動き出し、戦い始めると、

「全部アイツの思い通りか（中略）こいつは自分が前に出ることではなく　戦いの　全体の流れを見ているんだ」

と、炭治郎について考えを巡らせています。伊之助は急ぐことができないと破滅の爆弾「考えるな」が表れて考えることができず、逆に急ぐと考えることができるのがよくわかるシーンです。

また、物語の時系列は少し戻りますが、第27話に藤の花の家紋の家で布団に入って休む場面があります。その時の伊之助は、炭治郎の食事を横取りしても炭治郎が挑発に乗ってこなかったことを不思議に思います。布団に入って動いていない伊之助は、心の中で思います。

「なんで挑発に乗らねぇんだ　飯取られたのに…　何回かアイツ怒ってたの何だったっけ？忘れた………」

「忘れた」という言葉に象徴されるように、布団に入って動かない伊之助は思考レベルが落ちています。その後、禰豆子が箱から出てきて善逸と初めて出会うのですが、一方の伊之助は、

「頭……使いすぎた……」

といびきをかいて寝てしまいます。

このように、動かない（急がない）伊之助は考えられない状況に陥り、「急いでいる間は考えられる（急がなければ考えられない）」の行動パターンに基づいて行動をしているのがわかります。

読者の皆様は不思議に思われるかもしれませんが、人間が自ら行動パターンを作り上げるのでなく、**行動パターンが無意識に人間に環境を整備させて、行動パターンのとおりに動かしている**のです。知らないうちに、行動パターンに定められた行動をとらされているともいえるでしょう。

伊之助でいうと、第36話（5巻）でその行動が顕著にみられます。

太刀の通らない鬼と戦う伊之助は、どうすれば倒せるのか、木を背に座って考えます。

「こんな所で隠れてるなんて情けねェぜ　でも考えねぇと…太刀の通らない奴を斬る方法どうする…　どうする…　考えろ　考えろ‼」

と自分の頭を叩いて考えようとしますが、動きのない伊之助は良い考えが思いつきません。

背後から鬼に攻撃されて逃げるため走り出すと、伊之助の頭に考えが浮かびます。

「考える俺なんて　俺じゃねぇぇぇぇ‼」

そう叫んで、先に食い込ませた刀をもう一本の刀で叩き、鬼の腕を斬ることができました。動いているときに、簡単に鬼の攻略方法を思いついたようです。

このときの伊之助は、「急ぎながら考えなければならない状況」にあえて自分を追い込んでいきます。木の幹に隠れて考えている伊之助ですが、漫画の描写では刀が木からはみ出していて、隠れているのが背後からわかるように座ります。**見ようによっては〝背後から襲ってもらうために〟鬼を誘っている**ようにも見えます。

ここで鬼に襲われると、伊之助はまた急ぎださなければなりません。**考えるために、わざとその環境を作り上げているとも考えられる**のです。ただ、行動パターンはほとんど無意識からの命令なので、伊之助も気が付きません。

人間が行動パターンを作るのでなく、行動パターンの筋書きに沿って、人間が動いているのがわかる印象的なシーンです。

◈慌てん坊さんたちのストレスのかかり方

心の盾「急げ」を持つ慌てん坊さんたちは、とにかく急ぎます。仕事をするときも、遊ぶときも、余暇を過ごす時もまるで「生き急ぐ」かのような、マグロがずっと泳いでいないと呼吸ができないように、**立ち止まってしまうと死んでしまうかのようです**。

例えば、今並んでいるレジよりもほかに空いているレジをずっと気にしてあちこち移ったり、試験の解答用紙をすべて埋めるや否や見直しもろくにしないで提出したり、信号が青になるのを待ちきれずに、反対側の信号が赤になった瞬間に飛び出したりします。

仕事ではとにかく早さにこだわり、新しい仕事が出るや否や、仕事の完成度を気にかけずに今の仕事を急いで終わらせようとします。急ぐあまり多くのことを同時にやろうする行動傾向があるために、少しでも時間の余裕があると、タスクを詰め込むこともしばしばです。

そのために過剰に仕事を抱えたり、多くの趣味を持ったり、人生の目標も多岐にわたる場合があって、「結局この人は何をやりたいんだ?」と周りの人が思うこともあります。

伊之助が「猪突猛進」と言って鬼たちに飛び込んでいくように、慌てん坊さんたちは何のためにそんなに急ぐのか明確にわからないまま、目の前のことに飛び込んでいくのです。

この生き方は、頭も体も常に使い続けることになるので、とにかく心身に強くストレスがかかります。特に心臓に負担がかかることが指摘されています。

1950年、アメリカの医師であるフリードマンとローゼンマンは、狭心症や心筋梗塞などの虚血性心疾患の患者に共通する行動パターンがあることに気が付きました。

その患者たちは、競争心や野心が強く、攻撃性が高く、敵意を持ちやすい性格の持ち主で、時間に追われるように生活しており、「タイプA」の行動パターンと名付けられました。

この**タイプAの性格は、心の盾「急げ」を有している**と考えられます。

さらに、アメリカの大学の研究から、タイプAの時間を惜しむ行動の裏には、「怒り」があると指摘されています。

伊之助を改めてみると、「猪突猛進」に表されるように躊躇なく相手に立ち向かっていく様子や、競争心が強く、相手に敵意を抱きやすいと言う点から見ても、伊之助はタイプAの性格と考えられます。

では、伊之助の「怒り」の源はなにか？　物語を読み進めると、伊之助は自分の母親に捨てられたと考えていたことがわかります（実際は捨てられたわけでないのですが）。母親から捨てられたという「得体のしれない怒り」に、伊之助は捉えられていると考えていいでしょう。

伊之助はまだ年齢が若いことから、病気に罹患することは見られませんが、**年齢を重ねると、狭心症や心筋梗塞などの虚血性心疾患という病を発する可能性があります。**

タイプAの性格を持つ人、つまりは心の盾「急げ」を持つ人は、常日頃から心臓を中心に身体に気を付けて過ごさねばなりません。

◈「急げ」の盾を軽くする言動

強すぎる心の盾は、それ自体がストレスになります。

伊之助は漫画のキャラクターなので永遠に急いでいられるかも知れませんが、現実世界にいる私たちにとって急ぎ続けることは時に大きな精神的な負担となり、場合によっては心臓の疾患に脅かされることがあると述べました。

さて、伊之助が持つ心の盾「急げ」においても「盾を軽くする言動」があります。

それが**「じっくりやってよい」「のんびりやろう」「自分のペースでやろう」**です。

慌てん坊さんは、まず「じっくりやってよい」という考えを持つように心がけましょう。

ただし、じっくりやりすぎると背後から破滅の爆弾（伊之助だと「考えるな」）が表れるので、怒りや自暴自棄が起きない程度の「じっくりやる」速度が大切になってきます。伊之助の場合は「ゆったりとした、このぐらいの速さでも考えることができる」といった感覚ですね。

破滅の爆弾は無意識の働きなので、どこまで意識的にできるかはあくまでも感覚で知るしかありません。およその目安ですが、まず**自分の中で「大急ぎ」のときの70～80％程度にスピードを意識的に落として、とりあえずやってみる**のも一つの手です。

その速さを維持したうえで、例えば「ミスをしたとしても早くこなすことが大切」のような自分を破滅に追いやる行動・考えなどが出てこなければ、そこを基準にさらにもう少しスピードを落として……と段階を踏みながら**「破滅の爆弾が出てこない程度の、心の盾を緩めた感覚」**をつかむといいですね。自己採点でいう5～6点を保てるとベストです。

伊之助で言えば、第28話（4巻）で藤の花の家紋の家から那田蜘蛛山へ向かうとき、炭治郎がスピードを上げるまでに「遅いペースでの走り」の場面がありました。あのときの伊之助は矢継ぎ早に質問を投げかけ、答えにたどり着かないまでも考えることをやめません。

あのくらいのスピード（つまり「急げ」の強さ）が、伊之助を破滅の爆弾の爆発と、心の盾のストレスから守っていく適切なバランスだと考えられます。

一方で、周りの人間に「盾を軽くする言動」が強すぎる人がいると腹が立つという不具合もありましたね。慌てん坊さんは、じっくり、のんびり、マイペースに物事を行う人間にとても腹を立てます。

第26話で善逸と伊之助が炭治郎の箱をめぐって争う場面がありますが、伊之助は、

「威勢のいいこと言ったくせに　刀も抜かねえこの愚図《ぐず》が!!」

と善逸に言い放ちます。「愚図」とは、ノロノロして判断の鈍い人という意味ですね。

第30話でも、蜘蛛の糸に操られる鬼殺隊員が「自分たちを殺してほしい」と炭治郎と伊之助に頼みますが、他に助ける方法がないかと考えてすぐに行動しない炭治郎に対して、伊之助はいら立ちを隠しません。伊之助は炭治郎の遅いペースを許せないのです。

ニュースやテレビなどで、車でスピード違反をする人が前を走る車に「のろのろ走るんじゃねえ！」と叫んだり、パワハラやＤＶを行う人が「遅い！　もたもたするな！」などと威嚇する場面を見たこともあるでしょう。これは心の盾「急げ」を持つ慌てん坊さんが、自分の心の盾と反対の「盾を軽くする言動」を相手の行動に見てしまうから起きることです。

このように、**慌てん坊さんの心の盾はとにかく相手にも急ぐことを強いる**ため、その特性を十分に理解したうえで対応することが大切です。

「慌てん坊さん」の特徴とストレスへの対処法

◆行動の特徴

・「早く」「さっさとしなさい」「さあやろう」「時間がない」などの急かす言葉を使う。
・「他人より優れていたい」と考え、他人に自分の弱みを指摘されると腹が立つ。
・少しの空き時間も埋めようとしたり、同時に多くのことをやろうとする。

◆対人関係で気を付ける点

・相手と必要以上に張り合ってしまうことがある。
・相手がのんびりしていると、腹が立つことがある。
・完成度よりもスピードを重視し、結果としてミスを犯してしまうことがある。
・急ぎすぎることは心臓に負担をかけるため、心疾患に注意する必要がある。

◆ストレスとの向き合い方

・あまりに急ぐと、ストレスが強くかかる。

・「急ぐこと」を止めると、背後から自滅の思いが起こってくる。

・「盾を軽くする言動」である、「じっくりやってよい」「のんびりやろう」「自分のペースでやろう」を自分の言葉や行動に取り入れて、心の盾を緩める。

◆強い心を持つために

・「急げ」を持つ人は、心の盾を働かせすぎたときに心身への負担が大きい。自分の心のアクセルを上手く調節して、どの速度で走るべきかを状況に応じて使い分けられるようにしよう。程よく急ぎ、程よく緩めることが出来れば、よりよい生き方に繋がる。

・心の盾を緩めすぎると破滅の爆弾が表れやすいので、徐々に速度を落とすイメージを。

「完璧さん」の善逸

では、メインキャラクターの最後の一人、我妻善逸の解説をしていきましょう。

善逸は心の盾「完全であれ」と、「強くあれ」の2つを有していると考えられます。心の盾を2つ有しているのは炭治郎も同じでしたが、善逸のこの2つの盾の表れ方は少し特殊です。まるで**変身して別人格が表れるように、まったく異なる表れ方をします**。

まず、なぜそのような表れ方をするのかを先に考えてみましょう。

◆善逸はなぜ2つの人格を持つ？

善逸の特徴として、恐怖のあまり気を失うとそれまでと全く違う人格が現れて、冷静で強い剣士となり目にもとまらぬ速さで鬼を退治します。

この人格の変換をどのように見るかですが、私は**「解離性《かいりせい》人格障害」**に近い状況でないかと考えます。解離性人格障害とは、俗に言う多重人格のことです。

解離性人格障害は、虐待などにより心に強いダメージを受けたなどの経験がある場合、**もう一つの心や人格をつくることで死の恐怖や強いストレスから逃避する**という心理的なメカニズムによるものです。

では、善逸にそのようなエピソードがあるかというと、第33話で女性にだまされて借金まみれになった善逸を桑島《くわじま》慈悟郎《じごろう》という老人が助けたとの場面があります。慈悟郎は鬼殺隊の剣士を育てる育手で、善逸が死を意識するほどの修業を行ったとあります（善逸談ですが）。

また、慈悟郎から逃げて木に登った時に雷に打たれます。これは死の体験といえるでしょう。

さらに、慈悟郎から教えを受けるときにいつも叩かれていたことに文句を言います。

「だからじいちゃんは俺のこと毎日ぶっ叩くのかよ　でも俺は鋼じゃねえよね　生身だからさ」

次の第34話では善逸の告白により、善逸には親がいないこと、誰からも期待されなかったことが語られ、そして第１６３話（19巻）ではおくるみに名前が書かれることもなく親に捨てられたことも判明します。

これがすべて事実かどうかはわかりませんが、善逸がそのように信じ込んでいる以上、主観的な事実と考えて良いでしょう。親から捨てられ、雷にも打たれ、日常的に心身への苦痛があったという経験から、**善逸の心の中では虐待に近いダメージを受けていた**と考えます。

善逸が気を失うのは人格の変わり目に起きるもので、**変身前の善逸は「完全であれ」を、変身後の善逸は「強くあれ」を持つ人格**です。物語が進行し善逸の心が成長していく（＝心の盾が強化される）ことで、この人格の切り替わりも起きなくなっているようです。

また、過酷な育ちの中でも、私たち読者をはじめとして善逸を囲む人々は、善逸の持つ生来の明るさや陽気さにほっと胸をなでおろすことと思います。普段の善逸の性格に助けられます。この明るさが失われなかったのも、慈悟郎の存在が大きいでしょう。どれだけひどい訓練を受けたと思っていても、慈悟郎との心の繋がりがあった何よりの証だと考えます。

◈善逸が「完璧さん」である理由

では、「完璧さん」である善逸のストレス場面の言葉を拾いながら、分析を行っていきましょう。第33話で木の上に逃げている善逸は、過去を回想しながら次のような言葉を発します。

「じいちゃんの期待に応えたいんだよ　俺だって!!　でも無理なんだ!!」

「俺は　俺が一番自分のこと好きじゃない　ちゃんとやらなきゃっていつも思うのに　怯え

るし　逃げるし　泣きますし」

「変わりたい　ちゃんとした人間になりたい」

これらの言葉が出るのは、**善逸の心の中にまず「完全な自分の姿」がありながらも、自分の思い描く「完全な姿」になれない**ことから「無理だ」とか「ちゃんとやらなきゃ」とか「変わりたい」という言葉が出てきます。

つまり善逸の心の盾は「完全であれ」であり、その心の盾が強ければ強いほど、現実の自分とのギャップに悩まされることになるのです。一般の人もつい行ってしまうことではないかと思いますが、

「もしかしたら、今度の試験失敗するかもしれない」

「書類にミスがあったら許してね」

などと、失敗に対して前置きをすることはありませんか？　こうした言葉には、**将来「不完全になってしまう自分」をあらかじめフォローする「完全さ」**が見られます。「完全さ」を損なう前に、「完全さ」を補っているのです。

このほかに、心の盾「完全であれ」を有している人の言葉遣いの特徴を挙げてみましょう。

まず**「読点（、）で言葉が続けられて、句点（。）になかなかたどり着かない」**というものが

あります。「〜で、〜なので、〜だから、〜〜」と長々と話が続きます。

また、**「1つには〜、2つには〜」と、数を数えながら要点を挙げます。**自分や他人の完璧さをチェックしているのです。

さらに、**「過去・未来のことを話題にして、現在の心の状態をしっかりと受け止めない」傾向に陥る**こともあります。言葉遣いにも、「多分」「確かに」「まるで」「できれば」という言葉を使ったり、そのような言葉を使う話の流れになることがあります。

このことを念頭に、引き続き善逸がストレスを受けている時の言葉遣いを見てみましょう。

同じく第33話にて、慈悟郎の特訓から逃れて木に登っている時の会話です。

「いやもう死ぬと思うので　これ以上修業したら　死ぬと思うので!!!」

この言葉は「ので」という言葉が続き、「です」「ます」など言い切る形で終わっていません。言葉は短いのですが、だらだらと言葉が続く話し方ですね。また、「これ以上修行したら（将来的に）死ぬと思う」という未来のことを話しています。「〜と思う」という言い方から、「多分」という言葉も入る話の流れです。また、

「惚れた女に別の男とかけおちするための金を貢がされて借金まみれになった俺を　助けて

くれたしね!!」

この言葉も長いですね。さらに、現在ではなく過去のことを述べています。

先ほど挙げたセリフでも、**「ちゃんとやらなきゃっていつも思うのに」**とあり、この「ちゃんとした人間になりたい」は未来のことを述べていて、「できれば」という言葉の枕がつく流れです。一連のセリフも長く、明らかに「完全であれ」の言葉です。

第34話で兄弟子に「消えろよ」と言われる場面における善逸の独白も、**「誰かの役に立ったり　一生に一人でいいから誰かを守り抜いて　幸せにするささやかな未来ですら　誰も望んではくれない」**

やはり少し長い気がしますし、内容は未来のことです。

これらのことから善逸は、「完璧さん」である可能性が高いです。善逸が禰豆子に寄せる思いも「完全に純粋」で、ここにも心の盾が表れていると考えられます。

◈心の盾「完全であれ」の作られ方

心の盾「完全であれ」は親から完全であることが大切であり、それが人生の成功の鍵であると教えられたことにより形作られます。具体的には、例えば**子どもが身の周りのことを「きちんと」「完璧に」やることを親などが要求する**ことが考えられます。

「身の回りをきちんと片付けないとだめ！」

「ゆっくりでいいから、間違えのないように完璧にやりなさい」

「明日をよりよく生きるために、今日はどうやって生きる？」

「○月○日までに、△△ができるようになろうね」

などのように、親が完璧な要求をしてそれをこなせないと激しく叱責されたり、叱責まではいかなくても過度に要求されたりします。完璧にこなさなければいけないというプレッシャーやストレスに曝されますが、完璧にできれば親から褒められます。

このような行為を繰り返し要求された幼児は、親の期待に応えるように、ストレス場面でついつい「駆られるように」完璧に物事を行うようになります。

完璧であれという親の期待があまりに大きすぎると駆られる思いはより強くなり、**親がその場にいなくても、一生モノの「心の盾」として身につく**のです。

善逸は、どこで心の盾「完全であれ」を身につけたのでしょうか。善逸を育てた慈悟郎は、

「いいんだ善逸　お前はそれでいい　一つできれば万々歳だ　一つのことしかできないなら

それを極め抜け　極限の極限まで磨け」

「信じるんだ　地獄のような鍛錬に耐えた日々を　お前は必ず報われる　極限まで叩き上げ誰よりも強靭な　刃になれ!!」

と、善逸に「極め抜け」「極限まで磨け」「一つのことを極めろ」などの言葉をかけ、心の盾「完全であれ」を身につけるように善逸を誘っています。

慈悟郎のこの態度が、善逸の心の盾「完全であれ」を形作ったと思われます。

◈善逸の破滅の爆弾について

善逸は前述した過酷な成育環境から、破滅の爆弾は「存在するな」を有すると考えられます。**破滅の爆弾「存在するな」は破滅の爆弾の中でも特に重く、持っている者に強い影響力を与えます**。心の中には「死」の思いや「自分は無価値である」といった思いが湧き起こることがあります。

後述しますが、善逸が鬼を相手にしたときに「死ぬ」と口癖のように言うのも、この破滅の爆弾「存在するな」の影響であると考えます。

第33話で、慈悟郎に対し自分が期待に値しない存在であると告げたのは「自分は無価値である」との思いによるものでしょう。それに加えて、兄弟子から「消えろよ」と言われたことは破滅の爆弾の導火線に火をつける行為です。

破滅の爆弾「存在するな」は、他者に対して強い攻撃力を発揮する場合もあります。この破滅の爆弾を持っている人すべてがそうではありませんが、**他者を「存在させることができない」との思い**を持つこともあります。

この思いは、現実では悲しい事件を生み出しかねないものですが、「鬼を倒す」ということの物語において、人格が変わった後の善逸の行動に現れて大きな力を発揮します。

そして、**破滅の爆弾「存在するな」に火がついても爆弾が爆発しなかったのは、慈悟郎の愛情があったから**です。善逸は慈悟郎に対して敬愛の念を持っており、慈悟郎も善逸を常に心にかけています。この思いが善逸の心を温め、助けたことで導火線の火が消えるのです。

善逸の破滅の爆弾は危険なものですが、それがいたずらに力を使う方向に向かわなかったのは、厳しいけれど深い愛情の交し合いがあったからです。

◆「完全であれ」と「存在するな」からわかる行動パターン

善逸の心の盾が「完全であれ」で破滅の爆弾が「存在するな」であることから、善逸の行動パターンは「完全である限り、存在できる」というものです。心の盾が「存在するな」を隠して、「存在できる」にしています。

言い換えると「完全でないと存在できない」であることから、常に完全に行動しなければ死を迎えることになります。しかし、人間が行動を起こすとき全てにおいて完全であることなど不可能です。人間は時には失敗をしながら、物事をやり遂げていくものです。**心では強く「完全にやりたい」と思うが、現実にはできない。この矛盾を抱えていると、行動を躊躇《ちゅうちょ》したり、臆病になります**。

この行動パターンを持っていることから、善逸は簡単に行動することはできません。失敗すると死を迎える善逸は臆病になり、行動に出るのをためらうようになります。

第28話（4巻）で、鬼のいる那田蜘蛛山に入ろうとするときの善逸の行動は印象的ですね。

「怖いんだ!!　目的地が近づいてきてとても怖い!!」

と言って、山に入ろうとしません。結局炭治郎と伊之助に置いていかれてしまいました。

また、善逸は「完全でないと存在できない」という自分の行動パターンに無意識ながら気づいている節があります。それは第21話（3巻）で鼓の鬼の館に入る時に、炭治郎が善逸に、

「前の戦いで俺は　肋《あばら》と脚が折れてる　まだ完治してない」

と告げると、善逸は炭治郎が言葉を続けるのも構わず叫び声をあげ、

「ヒャッ　どうすんだどうすんだ　死ぬよこれ　死ぬ死ぬ死ぬ死ぬ　ヒィ――――ッ」

とひたすら狼狽《うろた》えます。つまり、一緒にいる炭治郎が怪我をしているという「不完全さ」が示されると、すぐに破滅の爆弾「存在するな」が表れ、「死」を口にします。

善逸が「死」を意識するときは、その前提として心の盾「完全であれ」が脅かされる場合であることがしっかり表れています。

また、善逸は雷の呼吸・壱ノ型「霹靂一閃《へきれきいっせん》」は完全に使えても残りの5つの技は使えないというアンバランスさが見られますが、ここにも**完全でありたいと願いながらも不完全な善逸の姿**が見られます。この不完全さは、善逸にいつも「死の恐怖」を突き付けています。

◆善逸の破滅の爆弾が弱まる時

第144話（17巻）において、鬼（上弦の陸）に身を落とした兄弟子・獪岳《かいがく》と対決する場面がありますが、戦いの末に善逸は自分で考えた「雷の呼吸　漆《しち》ノ型　火雷神《ほのいかづちのかみ》」という技

を出して、獪岳の頚を斬ります。

すでに完璧に習得している壱ノ型・霹靂一閃だけでなく、従来の雷の呼吸の技ではないけれど**他の技も使えるようになったことで、善逸の心の盾「完全であれ」が強固になります**。これで、破滅の爆弾「存在するな」をより強く隠すことができるようになり、破滅の爆弾が外に表れなくなりました。

そのうえで、善逸は三途の川で慈悟郎と向き合い、

「善逸　お前は儂の誇りじゃ」

と、善逸の存在全てを認め、価値あるものとする言葉を受けます。その直前の善逸の言葉は、**「俺がいなかったら獪岳もあんなふうにならなかったかもしれない　ほんとごめん!!」**というものです。これは、『俺は存在しないほうがよかった。存在したために、獪岳を鬼にしてしまった』という破滅の爆弾「存在するな」に関わるもので、自分の存在の無価値を慈悟郎に投げかけています。しかし、**慈悟郎は善逸の存在の価値を認めて癒しを与えました**。

善逸は存在を認められたことで、破滅の爆弾が弱まっていきます。

善逸が新しい技を作り上げて心の盾「完全であれ」を強くし、慈悟郎に存在を認められ価値あるものとされたように、**心の盾を強くし破滅の爆弾に癒しを与えることは、「存在する**

な」を持った者への基本の対応の仕方です。

ただし、一般には破滅の爆弾「存在するな」はとても力が大きいので、それを隠せるほど心の盾が大きくならないのが現実です。常に破滅の爆弾から「死の思い」が漏れ出てきて「死にたい」といった言葉が出る人もいます。

それでも、根気強い対応と、存在を認め癒しを含んだ愛情のある対応をしているうちに、**徐々に心の盾が大きくなって破滅の爆弾が弱まってくる**ことがあります。

◈完璧さんたちのストレスのかかり方

完璧さんは「物事をきちんとやろう、完全にやろう」とする思いがあります。前述したとおり、人間は物事をいつも完全にやることはできません。それがわかっていますが、完璧さんたちは、完璧な状況を作ろうとします。

一つ例を挙げてみましょう。不登校で学校に行けない子どもがいます。その子の親が心の盾「完全であれ」を有していると、どうなるでしょうか。

「どうしてこの子は学校に行けないの？　将来どうなってもいいの？」

などと自問自答をしたり、子どもに詰め寄ったりします。しかし、不登校の場合は問いかけても容易に解決しないのが現実です。すると、不完全な状況から抜け出せないために、いよいよ親にストレスがかかり、さらに「完全であろう」とすることが見られます。

そんな時は**まず立ち止まって、現状をはっきり見つめることが大切です**。

学校に行くという少し先の未来のことはとりあえず考えないで、目の前にいる子どもの「今」の状態はどうなのか？　学校に行けない時はどんな状態なのか？　そのとき何が起こっているか？　とにかく「今」をよく観察することです。

私自身、不登校の子どもを持つ保護者のカウンセリングを何度も経験しています。心の盾「完全であれ」を有している保護者は、子どもが不登校であることをプレッシャーに感じれば感じるほど「将来はどうするの？」と子どもに将来の不安を投げかけやすい傾向にあります。すると子どもはますます親の「完全であれ」からプレッシャーを感じて、学校に行けなくなったりします。**親の「完全であれ」の不安が、子どもの不安に繋がります**。

全てがこのような事例ではないのですが、いま何が起こって、子どもが何を不安に思っているのかをよく見定める必要があります。不登校だけでなく、会社で起こる人間関係などのトラブルもそうです。**「完璧さん」には、少し先ばかりを見てしまい、現状を見ているよう**

で見えていないところがあります。

◈「完全であれ」の盾を軽くする言動

心の盾「完全であれ」の人の「駆られるような完璧さ」を弱める言動は、**「ありのままでよい」「80%でよい」「不完全でよい」**です。

ここで大切なのは、単に言葉で唱えるだけでなく、**実際にそのような行動を心がけること**です。例えば、先ほどの不登校の話でいえば、

「とりあえず80%ぐらいの完璧さに抑えよう。まずは子どもに何が起こっているか、現状を把握して、子どものありのままの気持ちを支えてみようか」

という判断から行動に入ることが大切です。すると、親の駆られる気持ちが少し弱まり、子どもが親に感じていた緊張感も弱まってくると思います。

しかし、気を付けないと、すぐにまた駆られる思いにとらわれて完璧を求めたりします。背後の破滅の爆弾が「存在するな」「お前であるな」など存在に関わるもので強い力を発揮する場合は、この心の盾も爆弾を隠すためにより強いものになり、駆られる心の盾が強く出て

きます。「どうしても完璧にしたい」という駆られる思いが、80％から100％に、場合によっては120％になったりします。

駆られる思いがなかったかどうかを日記につけて自分の行動をチェックしたり、自己採点表を用いることを習慣化したりして対応するのも良いでしょう。自分の親しい人をチェックマンとして活用するのもベターと思われます。

弱めすぎると今度は、破滅の爆弾が背後から出てくることにも気を付けないとなりません。

心の盾「完全であれ」の場合も、相手が「盾を軽くする言動」をあまりに強く行うと腹を立てることがあります。相手が「現状に満足して将来に対して完璧な対策をしない」とか、「全力を尽くさずに余力を残す行動」を目のあたりにすると、自分の生き方にそぐわないと感じてしまうのです。時として、相手の不完全さを追及して、相手を糾弾しようとするパワハラやモラハラに繋がることがあるので注意が必要です。

実は**腹の立つ相手の生き方こそ、自分に必要な生き方でもある**のです。

#「完璧さん」の特徴とストレスへの対処法

◆行動の特徴

・なかなか句点「。」にたどり着かない、だらだらとした話し方をしやすい。
・「多分」「確かに」「まるで」「できれば」「完全に」という言葉を使ったり、そのような言葉を使う話の流れになっていることが多い。
・「一つには……、二つには……」と数を数えながら要点を挙げる行動をとる。
・一つのことは完全だが、他のことが不完全という行動が見られる。
・バランスの良い綺麗な姿勢を保ち、視線はどこかに答えを探すように泳ぎがち。
・先回りをして将来起こりうる失敗を挙げることがある。将来の不安を嘆きやすい。

◆対人関係で気を付ける点

・自分がストレスフルな状況になりながら、相手に完璧さを要求することがある。
・少し先を見てばかりいて、現状を見ているようで見ないところがある。

◆ストレスとの向き合い方

・駆られるように「完璧にしようとする」と強いストレスがかかる。
・「完璧にしようとする」ことを止めると、背後から自滅の思いが起こってくる。
・「盾を軽くする言動」である、「ありのままでよい」「80％でよい」「不完全でよい」を自分の言葉や行動に取り入れて、心の盾を緩める。
・日記やチェック表を作って、自分の行動をチェックする。

◆強い心を持つために

・人間は、完全であろうとすることは不可能。その考えを持ちながら心の盾を使ってストレスから身を守るためには、「80％」を心掛ける。完璧であろうとする姿勢を相手に求めることは人間関係に大きな影響を与えるので、「ほどよく完璧な」方法を使おう。

「強がりさん」の善逸

善逸は2つの側面をもちます。一つは前述した心の盾「完全であれ」を持った善逸です。もう一つは、鬼と対峙した時に意識が途絶えて、その後別人格の意識を持ち突然強くなる善逸です。まるで変身モノのヒーローのようです。**この2つは別人格なので、心の盾を2つ有していても、炭治郎のように一方の盾が他方の盾を隠してくれることはありません。**

変身後の善逸は、心の盾「強くあれ」を有しているようです。心の盾「強くあれ」を有する人を「強がりさん」と呼ぶことにして、詳しく見ていきましょう。

◆変身後の善逸が「強がりさん」である理由

心の盾「強くあれ」には、2つの行動傾向があります。

①誰に対しても揺らがず、コツコツと物事をやり遂げる傾向
②他人に不信感を抱く傾向

いずれも、「自分のことを相手にオープンにしない」という態度が特徴です。

1つ目の「コツコツと物事をやり遂げる傾向」は、職人がコツコツと丹精こめて作品を作り上げる様子を思い浮かべるといいでしょう。職人が自分の閉じられた世界で物を作り上げる姿は、**どんな困難にも耐え忍んで乗り越えていく「強さ」**を感じます。頑固に愚直に、他人がどうであれ自分の信念を強く持って仕事に臨む姿が見て取れます。

また、2つ目の「他人に不信感を抱く傾向」は、**他人に屈服しない「強さ」**が表れます。他人が自分をダメにしていると思ったり、他人が自分をだまそうとしているように感じたり、心の底から他人を信じられないという思いがあり、それゆえに他人から自分を守るべく心を強く持たなければなりません。

そんな相手に自分の考えや態度をオープンにすると、他者から攻撃を受けることになりかねない。だから**強がりさんは、自分の考えや事情を明かさずに、相手から見ると閉じられた言動をとります**。

具体的には、心の盾「強くあれ」の働きとして、黙ってしまうことが挙げられます。時には1週間も2週間も黙ってしまって、周りの人がストレスに陥ります。家庭の中で夫婦のうち片方が急にむっすりと黙って、もう片方がプレッシャーのあまりおろおろとすることがありますが、その人は**黙ることで相手よりも精神的に優位に立てる**ことをよく知っているのです。

また行為としては、腕組みをしたり足組をしたりして相手に対し閉じられた格好をします。相手に対して、顔を斜めにして睨みつけるように見る「斜《しゃ》に構える」という仕草も、相手から見える自分の顔の面積を少なくしているので、閉じられた姿勢の1つと考えられます。

善逸を見ると、第23話（3巻）で鬼に襲われた時に「恐怖と責任感がはじけ」て気を失います。その後に変身したときは、一言も言葉を発しないで一瞬で鬼の首を斬ります。戦闘時の姿勢は低く、鬼から見ると閉じられた格好になっています。「雷の呼吸　壱ノ型霹靂一閃」の構えは、まさに善逸がとるべくしてとった構えといえます。「急げ」を持つ伊之助が、黙って体勢を低くする不動の姿勢をとることはありません。「強くあれ」を有する善逸だからこそ、この技を得意とするのでしょう。

さらに、強がりさんの言葉遣いとして「君が私を怒らせた」「君が私を泣かせた」「あの人の態度が自分に○○のような行動をさせた」といった言い方をします。これは、**自分の感情や行動の責任は自分ではなく他人にある**という、「自分を強く見せる」心の動きです。

第34話（4巻）で、変身した善逸が慈悟郎のことを思い出す場面があります。

「でもじいちゃんは　何度だって根気強く俺を叱ってくれた　何度も何度も逃げた俺を何度も何度も引きずり戻して　明らかにちょっとアレ殴りすぎだったけど　俺を見限ったりしなかった」

だらだらと言葉が続くので少し「完全であれ」の力が加わっていますが、修行を続けられたのは慈悟郎のおかげだという言葉です。

実際に修業をして壱ノ型を使えるようになったのは、何よりも厳しい修業に耐えた善逸の力なのですが、全て慈悟郎のおかげのような言い方です。慈悟郎を称賛するように聞こえるので善逸の優しさが含まれた言葉ですが、「他人が自分に○○させた」という心の盾「強くあれ」の力も加わっていると考えてよいと思います。

他人に対する不信感から「強くあれ」が表れているのですが、慈悟郎との心の繋がりが他者への不信感となるのを防いでいると考えられます。

◈「強くあれ」と「存在するな」からわかる行動パターン

変身後の善逸の心の盾は「強くあれ」で、破滅の爆弾は「存在するな」でした。心の盾が破滅の爆弾を隠すのはこれまでと同様なので、善逸の行動パターンは「強くある間は存在してよい」となります。

「強い行動」は、善逸にとって「黙って行動をすること」ですから、「黙って相手と戦っているときは存在してよい」となり、反対に**「黙っていられず弱いときは存在できない」**との行動パターンが表れると考えられます。

変身後の善逸が、黙らずに多弁かつオープンに語っている場面を見ると、第34話で蜘蛛の毒で死にそうになるシーンで、

「夢を見るんだ　幸せな夢なんだ　俺は強くて誰よりも強くて　弱い人や困っている人を助けてあげられる　いつでも」

という思いが延々と続きます。心の中で思っていることですが、善逸は自分の事情を多弁かつオープンに語ります。このように自分の事情を語るということは心の盾「強くあれ」が弱くなっている状況ですので、背後にある破滅の爆弾の導火線に火がつき、善逸は「死」に

近づいていることが示されています。

また、144話と145話（17巻）で、善逸は兄弟子・獪岳との闘いの中、自分の周りにで起こった様々な事情を語ります。獪岳が鬼になったせいで慈悟郎が切腹をしたこと、善逸が壱ノ型しか使えず獪岳が壱ノ型だけ使えないこと、慈悟郎への思いなどです。

ここでも自分の事情を多弁に語っていることから、心の盾「強くあれ」が弱まっている状況と判断できます。このままでは破滅の爆弾「存在するな」が表出しますが、その通りに獪岳を「存在できない」ものにして、自分も屋敷の垂直の回廊を落下して死を迎えようとします。

三途の川で慈悟郎と出会うところまで行きますが、最後は一歩のところで助かりました。

以上のように、変身後の善逸の心の盾は「強くあれ」で、自分のことを語らず相手に対して閉じた姿勢で攻めるときは、死の足音は聞こえません。

ただし、**自分より強い相手や強敵と思われる相手には多弁かつオープンになり、心の盾「強くあれ」が弱まります**。善逸の破滅の爆弾「存在するな」が漏れ出てきて、「死んでもいいから戦う」という心の働きが表れて、自分か敵が「存在できない」という状況に陥るのです。

なお、この闘いのときから善逸が気を失うことはありません。慈悟郎の死という重大な出来事と厳しい鍛錬を経て、善逸の心は成長していったものと見られます。

◈強がりさんたちのストレスのかかり方

強がりさんはとにかく自分をオープンに語ることはしません。いつも相手に閉じられた状況のもとで、心を閉ざします。

ストレスのかかり方としては他の心の盾と同じで、黙るべきでない場面で黙ったり意思の疎通を欠いたりすると、人間関係が阻害されます。これが頻繁になると、**集団内で孤独を感じたりコミュニケーションをはかりにくくなり、ストレスの原因となってしまいます。**

学校や職場で、それまでは普通に会話などのコミュニケーションをとっていたのにいきなり黙り続ける人がいますが、その行為が集団に与えるストレスは相当なものになります。

かと言って、強がることをやめて心を開き自分の事情を打ち明けると、破滅の爆弾の導火線に火がつきます。

ここでもやはり自己採点をしながら、適度なところまで心の盾を緩める練習が必要です。「自分が相手に対して決して情報を開示しない」「相手と打ち解けない」という状態を10点としたときに**5～6点程度を意識**しながら、周囲との関係を保つことでストレスが少ない生活を送りやすくなります。

自己採点と同時に、心の盾を軽くする言動も意識してみましょう。「強くあれ」における軽くする言動は、**「感情を出してよい」「弱みを見せてよい」「弱音を吐いてよい」**です。

「あれ？　善逸っていつも弱音を吐いてなかったかな？」と思う方もいらっしゃるでしょうが、弱音を吐いていたのは変身前の善逸でした。善逸の弱音はすでに解説したとおり、将来不完全になるかもしれない自分を前もって補う心の盾「完全であれ」の働きです。

心の盾「強くあれ」の持ち主は、自己採点での5～6点を目安に、緩やかに自分の感情を表現していくことが良いと思います。**特定の人に少しずつ表現してみたり、段階を踏みながら自分にとって適切なラインを探してみましょう。**

そして、心の盾「強くあれ」を持つ人は「盾を軽くする言動」、つまり感情を表出している人に対して腹を立てることがあります。

他者が弱音を吐いていることに善逸が立腹する場面は見あたりませんが、同じ「強くあれ」を持った兄弟子の獪岳にその態度を見ることができます。第34話（4巻）で善逸に向かって、

「消えろよ　わかるだろ？　朝から晩までビービー泣いて恥ずかしくねぇのかよ」

と言っていました。これは感情の表出を止める言葉なので、心の盾「強くあれ」からの行動かと思います。また、猗岳は直後に、

「お前みたいな奴に割く時間がもったいない」

と善逸に対して閉じられた言葉を吐いているので、心の盾「急げ」を持っている可能性もあります。いずれにしても、感情を露わにし、弱みを見せる善逸に怒りを表出しています。猗岳は善逸が「盾を軽くする言動」をとるのを見て怒りを表したのです。

さらに第145話（17巻）では、

「俺を正しく評価し認める者は〝善〟!! 低く評価し認めない者が〝悪〟だ!!」

と言っており、「他人を喜ばせよ」の変形である「自分を喜ばせよ」も有しているであろうと思われます。また、第145話の冒頭で上弦の壱の鬼にひれ伏している「閉じた姿」は、心の盾「強くあれ」であろうと考えられます。

つまり、猗岳は心の盾「急げ」「自分（他人）を喜ばせよ」「強くあれ」と複数の心の盾を持っている可能性が考えられますが、猗岳の記述が少ないので、はっきりとしたことは不明です。

しかし、善逸が感情のままに泣く姿を見て怒りをあらわにすることから、心の盾「強くあれ」を有している可能性は高いでしょう。

「強がりさん」の特徴とストレスへの対処法

◆行動の特徴

・自分の考えや事情を明かさずに、相手から見ると閉じられた言動をとる。
・腕組みや足組み、斜に構えるなど閉じられたしぐさをする。
・「君が私を怒らせた」「あの人の態度が私に○○の行動をさせた」という言葉を使う。

◆対人関係で気を付ける点

・黙ったり感情を表現しないとコミュニケーションが減り、孤独感を抱くことがある。
・黙る行為が集団などにおいて、業務に支障をきたすことがある。
・他人が弱音を吐いたり感情を露わにする行動に対し、嫌悪感を抱くことがある。

◆ストレスとの向き合い方

・心の盾を働かせすぎてコミュニケーションを放棄すると、自分にも他人にもストレスがかかる。

・心の盾を働かせないと、背後から自滅の思いが起こってくる。

・「盾を軽くする言動」である「感情を出してよい」「弱みを見せて良い」「弱音を吐いてよい」を自分の言葉や行動に取り入れて心の盾を緩める。

◆強い心を持つために

・心の盾は自分をストレスから守る働きなので、簡単に緩めるのは難しいかもしれません。しかし、他人を閉め出してしまうほどの強い働きは、かえってストレスになります。

・自分の本音や感情を見せられる相手には適度に見せることで、心の盾のバランスを保ちましょう。バランスのとれた「強さ」は、強力な武器となりあなたをよりよい生き方に導いてくれます。

第3章

鬼殺隊の柱に学ぶ
人を惹きつける心のつくり方

◈柱の「心の盾」の使い方は完璧に近い

第3章では、鬼殺隊の柱たちの心を分析していきます。

強く頼もしい柱といえども、人間である以上は心の盾と破滅の爆弾を有していて、そこから一定の行動パターンが形作られていきます。

しかし、**彼らが一般人、また一般の隊士と違うのは、心の盾の使い方が非常に熟達しているという点です**。ですので、他の隊士と比べると行動パターンにも違いが見られます。

彼らのような存在が組織に一人いるだけで、その組織は健全に機能します。いわば「優秀な管理職」といったところでしょうか。

本章ではその熟達度の秘密を明らかにすることで、心の盾をより上手に用いる方法を学び、読者の皆様の実際の生活に役立てていきましょう。

炎柱・煉獄杏寿郎に学ぶ「他者の動かし方」

結論から述べると、煉獄杏寿郎の心の盾は「努力せよ」と「他人を喜ばせよ」で、破滅の爆弾は「存在するな」であろうと考えられます。

「えっ？　その心の盾って炭治郎と同じでは？」と思われましたよね。

確かに**杏寿郎は炭治郎と同じ心の盾を持っていて、行動のパターンも似ています**。ただ、その心の盾の使い方に明確な違いがあります。

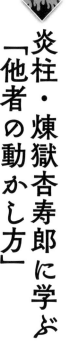

◈杏寿郎の心の盾を探ろう

杏寿郎もこれまでの分析にならい、初めて登場したときの言葉を見ましょう。

第45話（6巻）の「柱合《ちゅうごう》裁判」が多くの柱たちの初登場シーンでした。お館様の屋敷にて、鬼の禰豆子を連れている炭治郎の処遇を裁判で決める場面です。

「裁判の必要などないだろう！　鬼を庇うなど明らかな隊律違反！　我らのみで対処可能！鬼もろとも斬首する！」

これが杏寿郎の初めてのセリフでした。この言葉には心の盾「努力せよ」の特色が出ています。炭治郎のところで述べましたが、心の盾「努力せよ」には2つの傾向があって、**「（努力するために）自分で何でも決めたいという傾向」**か**「努力をすることに意義があると考える傾向」**のどちらか、また2つともを持つ特徴があります。

杏寿郎の「裁判などしないで我らのみで対処する」という言葉は、「俺たちが決めて、俺たちが斬首する」というものです。つまり、杏寿郎は前者の傾向が強いと思われます。また、「俺が決めて」ではなく**「俺たちが決めて」**という言葉が杏寿郎独特の心の盾の使い方を暗示しています。自分だけでなく、「（仲間を含めた）俺たち」という言葉を発します。この点についてはのちに詳しく述べますので、頭の片隅に留めておいてください。

続いて、心の盾が現われやすいストレス場面を見てみます。

第55話（7巻）で下弦の壱・魘夢《えんむ》の血鬼術により杏寿郎は夢を見ます。杏寿郎が父親に柱になったことを報告にいく場面で、父親は杏寿郎に次の拒絶の言葉を放ちました。

「柱になったから何だ　くだらん…どうでもいい　どうせ大したものにはなれないんだ　お前も俺も」

父親は鬼殺隊の柱になったほどの実力の持ち主で情熱ある人だったのですが、突然剣士をやめたという設定です。その父親が暴言に近い言葉を吐くことが杏寿郎には理解できません。

父親の部屋から出ると、弟の千寿郎《せんじゅろう》が心配してやってきます。杏寿郎は千寿郎に、

「正直に言う　父上は喜んでくれなかった！　どうでもいいとのことだ　しかし！　そんなことで俺の情熱は無くならない！　心の炎が消えることはない！　俺は決して挫けない」

と告げます。さらに、涙を流す千寿郎を抱きしめながら、語ります。

「どんな道を歩んでもお前は立派な人間になる！　燃えるような情熱を胸に　頑張ろう！頑張って生きて行こう！　寂しくとも！」

ここで注目をすべき言葉は、「俺の情熱は無くならない」「俺は決して挫けない」「お前は立派な人間になる」「頑張ろう」です。

これらの言葉には、杏寿郎だけでなく杏寿郎と千寿郎が共に頑張ろうという形で、心の盾「努力せよ」が表れています。

また、第63話（8巻）で上弦の参・猗窩座《あかざ》が杏寿郎に鬼になれと勧めます。そのとき杏寿郎は、

「老いるからこそ　死ぬからこそ　堪らなく愛おしく　尊いのだ　強さというものは　肉体に対してのみ使う言葉でない」

と猗窩座の考えを否定する意見を述べます。その言葉を発するセリフの背景の絵は、脱線した列車から怪我人を救助すべく人々が助け合うものです。人間という生き物は儚くとも、心を強く持ち助け合う「努力」をして生きて行くことの美しさを述べています。

また、猗窩座の攻撃により片目を失い肋骨を砕かれても、

「俺は俺の責務を全うする!!　ここにいる者は誰も死なせない!!」

と、最後までどんな状況になっても、皆を守る努力を続けるという意志を表出します。

以上から、明らかに杏寿郎は心の盾「努力せよ」を有しています。炭治郎が杏寿郎を強く慕うのも、同じ「努力せよ」を有していて近い心の性質があるからでしょう。

ただ、その心の盾の使い方が柱である杏寿郎と炭治郎とでは違っています。

◈「危機において鼓舞する」炭治郎と「平時から仲間を鼓舞する」杏寿郎

杏寿郎の心の盾の分析の中で、杏寿郎は何度も「俺たちで」「共に頑張ろう」という言葉遣いをしていましたね。

炭治郎が用いる「頑張れ！」という言葉は、ピンチに陥り自分や他人の存在が危うくなった時に発せられることが多いです。危機を乗り越えるためにひたすら心の盾をフルで働かせて、己を鼓舞します。

一方で杏寿郎は同じ鼓舞でも、**仲間と共に、相手自身に「頑張らなければならない」という気持ちを起こさせます**。炭治郎も仲間と共に頑張る場面が見られますが、杏寿郎はとにかく「仲間と共に」という思いが強いのです。それも、平常時から理想に向けて共に努力をするという形です。

先述した千寿郎との場面でも、「一緒に頑張る」という態度を見せて千寿郎の頑張りを誘っていました。また、第60話（7巻）で夢から醒《さ》めた杏寿郎が、列車にいる２００名の乗客を守るために炭治郎に指示を下す場面では、

「俺も急所を探りながら戦う　君も気合を入れろ」

と、共に努力することを口にします。

また、第62話（8巻）では、炭治郎が車掌に刺された腹部の傷を全集中の呼吸で止血する

場面がありますが、そこで杏寿郎が炭治郎にアドバイスを与えます。

「全集中の常中ができるようだな！　感心感心！　常中は柱への一歩だからな！　柱までは一万歩あるかもしれないがな！」

「呼吸を極めれば様々なことができるようになる　何でもできるわけではないが　昨日の自分より確実に強い自分になれる」

この励ましに、炭治郎は「頑張ろう」という気持ちが芽生えたことが見て取れます。**教え込むのでなく、自分で頑張りたいという思いに持っていく**のです。

また、単に言葉ではなく、態度で示されることもあります。

『鬼滅の刃　外伝』に収録されている「煉獄杏寿郎外伝〈後編〉」に、鬼殺隊に向いていないと思っていた甘露寺が、杏寿郎の訓練と励ましで剣に生きることを決めたエピソードがあります。杏寿郎の行動によって、甘露寺自身が努力をしたいという気持ちになったのです。

この「仲間と共に頑張る」姿や、「他人を励まし、自ら努力をしたい気持ちにさせる」という杏寿郎の働きかけは、読者にも共感を与えます。さらに、もう一つの「他人を喜ばせよ」との相乗効果で、より杏寿郎というキャラクターが強く優しく描かれます。

◈杏寿郎の「他人を喜ばせよ」について
――「鏡共感」の炭治郎と「理想共感」の杏寿郎

杏寿郎の「他人を喜ばせよ」が表れるのは、第55話（7巻）で、父親へ報告に行った後の千寿郎との会話にあります。

「正直に言う　父上は喜んでくれなかった！」

このセリフからは、杏寿郎が父親の喜ぶ姿を期待していたことが読み取れます。

また、杏寿郎が命を終えようとするシーンは「他人を喜ばせよ」が働く最たる場面といえるでしょう。

第66話（8巻）で、杏寿郎の生家に残された炎柱の記録に「ヒノカミ神楽」の記述があるかもしれないと炭治郎に伝えます。炭治郎が列車の中で「ヒノカミ神楽」のことを尋ねてきたのを覚えていて、自分の命が絶えようとしているにも関わらず、炭治郎が喜ぶ情報を提示しています。

心の盾「他人を喜ばせよ」を有する人は、**他人にプレゼントを贈るのが好きな傾向があります**。この「ヒノカミ神楽」への手がかりは炭治郎へのプレゼントと考えても良いでしょう。

さらに杏寿郎は最期の言葉として、千寿郎に**「自分の心のまま　正しいと思う道を進むよう」**にと、父親には**「体を大切にして欲しい」**との伝言を、さらに炭治郎には鬼の禰豆子について**「君の妹を信じる」**と、皆への心遣いをします。この「自分のことを差し置いて、他人に手を差し伸べる行為」は、他人を喜ばせる行為です。

しかし、炭治郎と「努力せよ」とのパターンが違ったように「他人を喜ばせよ」のやり方も違っています。

例えば、失敗をした人の心に寄り添うときにかける言葉として、

①「大丈夫、その失敗は大したことがない」

②「次は成功する。未来に向けて頑張ろう」

③「俺も昔は失敗をした。俺も君と同じだ」

と大きく3種類の言い方があります。

①は、相手が褒めてほしいところ、認めてほしいところ（この場合は「失敗の程度は小さい」という慰め）を鏡に映すかのように言葉にすることから、**『鏡共感』**と言います。

②は未来の理想に進むように励ますことから**『理想共感』**と呼び、③は、君と私は同じだ

というメッセージを伝えることから**『双子共感』**と言います。

この3つの共感の仕方を発見したのはアメリカで活躍した精神分析医ハインツ・コフートという人で、コフートは**3つの共感を上手に使えると、より相手の気持ちに寄り添える**と述べます。専門的には「自己愛」に関するものですが、わかりやすく「共感」とします。

炭治郎の「他人を喜ばせよ」は①の鏡共感で、杏寿郎は②の理想共感の方法をとっています。

炭治郎は死にゆく鬼に対して優しい言葉や哀れみをかけますが、これはまるで母親が小さな子どもの存在を認めて、「可愛い、可愛い」と頭を撫でるように褒めています。

鼓の鬼との闘いでも、鬼の書いた作品を踏みにじることなく、作品の価値を認める行動をとります（内容を読んで評価したわけではありませんが）。この作品を踏まない＝作品の価値を認めるという行為は、鼓の鬼が望んでいたものでした。鼓の鬼を倒す際の言葉も、**「君の血鬼術は凄かった!!」**という鼓の鬼が欲しかった言葉でした。

一方、杏寿郎の「他人を喜ばせよ」は、他人の行く末を考えてその者のために言葉をかけたり、何かをしてあげることです。つまり、その者が理想の道を歩めるように相手にプレゼントを差し出すのです。

杏寿郎が死に際に遺した言葉は、弟には**「自分の心のままに正しいと思う道を進むよう」**と、炭治郎には**「胸を張って生きろ」**と、そして炭治郎、伊之助、善逸に向けて**「今度は君たちが鬼殺隊を支える柱となるのだ　俺は信じる　君たちを信じる」**というものでした。

いずれにしても、**「将来の理想」に関する内容**です。

炭治郎は「鏡共感」で相手の存在を褒めて、杏寿郎は「理想共感」で相手が理想に進むように導く。このような違いが起こるのは、**柱として周りの人々と関わる中でそうしなければならないために、杏寿郎に「他人を鼓舞する」意識がすっかり身についているから**と考えます。炭治郎もすでに心の盾を上手く扱えていますが、より熟達すると杏寿郎のような働きかけをするようになるでしょう。

◈杏寿郎が親から受け取ったメッセージ

人間が持つ破滅の爆弾は幼児期初期に、心の盾は言葉を覚えた幼児期後期に親から与えられるものです。杏寿郎は、親からどのようなメッセージを受け取って育ったのか、見ていきたいと思います。

第64話（8巻）で猗窩座との戦いの最中に、杏寿郎が母親を回想する場面があります。まだあどけない杏寿郎に、母親の瑠火《るか》は尋ねます。

「なぜ自分が人よりも　強く生まれたのか　わかりますか」

幼い杏寿郎は言葉に詰まって答えられません。母親は説きます。

「弱き人を助けるためです　生まれついて人よりも多くの才に恵まれた者は　その力を世のため人のために使わねばなりません」

このメッセージには「他人の為に生きろ」すなわち「他人を喜ばせよ」と、「誰かのために力を使え」すなわち「努力せよ」の2つのメッセージが含まれていると考えます。

一見、心の盾「強くあれ」を与えているようですが、**他人より精神的な優位に立つよりも、他人の為に努力して生きること**を説いています。

杏寿郎に説いた後、母親は杏寿郎を強く抱きしめながら、

「私はもう長く生きられません　強く優しい子の母になれて幸せでした」

と述べます。この描写は、まるで母親の遺言のような強い力を杏寿郎に与えることになります。心の中にすむ母親を満足させ、心の母に出会うためには、努力して他人を喜ばせなければなりません。

ストーリー上も杏寿郎の最期に炭治郎たちを喜ばせたあとに、母の幻影が現れ、杏寿郎は母親に「立派にできましたよ」と褒められてこの世を去ります。

◆杏寿郎のストレス解消について

杏寿郎のストレス解消はどのようなものでしょうか？

杏寿郎は、**心にかかるマイナスの要素であるストレスを、むしろ自分にとってプラスのエネルギーに変える**方法を身につけていたようです。

「己の弱さや不甲斐なさにどれだけ打ちのめされようと　心を燃やせ　歯を喰いしばって前を向け」

これは、猗窩座との戦闘を終え命尽きる前に、炭治郎たちに遺した言葉です。自分にとってマイナスのことが起ころうとも、かえって心を燃やすことでストレスを乗り越えることを示唆するものです。

また、第60話で列車の中で眠りから目を覚ました杏寿郎が目に力を入れながら、

「うたた寝している間にこんな事態になっていようとは!!　よもやよもやだ　柱として不甲

斐なし!! 穴があったら 入りたい!!」

と述べます。己の失態を認めながらも決してめげることなく、むしろ目をランランと輝かせています。ストレスをエネルギーとして燃やしているようにも見えます。

また、杏寿郎のストレス解消の方法の1つは食べることではないかと考えます。『鬼滅の刃 煉獄杏寿郎外伝〈前編〉』に、サツマイモの菓子を食べるシーンがありました。サツマイモは杏寿郎の好物のようですね。それを食べながら杏寿郎は、

「わっしょい!」

と掛け声をかけています。「わっしょい」というのは、祭りの時に神輿を担ぎながら気勢をあげるときの言葉です。いわば、「皆で神輿を頑張って背負う」という意味があると思います。

杏寿郎は、炭治郎と同じ心の盾と破滅の爆弾を有しているので、行動パターンとしても「存在するな」が湧き起こってこないように「他人を喜ばせよ」と「努力せよ」で隠すという行動パターンをとります。

サツマイモを食べているときは「努力せず」に「他人も喜ばせず」、自分を喜ばせている状況です。しかし、杏寿郎は努力するにも仲間と共に、他人を理想に導くという心の盾を持っ

ていました。ですから、**杏寿郎にとって「サツマイモを食べて自分だけ喜ぶ」という態度は許されないのでしょう**。そこで、「みんな頑張ろう。努力しよう」という「わっしょい」という言葉が出てくると考えます。

また、サツマイモを食べているストレスフリーの状態のときに、破滅の爆弾「存在するな」が表れるのを「わっしょい」という心の盾の意味を含んだ言葉で防いでいるとも考えられます。

杏寿郎は列車の中で弁当を食べているときにも、**「うまい！」**を連呼していました（第54話）。他人と共に努力をする杏寿郎は、一人で弁当を楽しむことは許されません。そこで**「うまい！」と言って、弁当を作っている人を労って喜ばせているか、または食べることに力を注いで、誰か仲間を見つけようとしている**ように見えます。

実際に杏寿郎は、炭治郎のほうを見て「うまい！」と言っており、まるで「同意をして共に喜んでくれ」と言っているようです。炭次郎も根負けして、**「あ　もうそれは　すごくわかりました」**と杏寿郎の言葉に同意しています。

何気ない場面ですが、共に努力をする杏寿郎の心の盾の性質がわかる場面です。

音柱・宇髄天元に学ぶ「自分の見せ方」

◈天元の心の盾を探ろう

続いて、音柱・宇髄天元《うずいてんげん》の心を分析していきます。天元が初めて登場した時の言動を見てみましょう。

初登場は杏寿郎と同じ第45話（6巻）の柱合裁判の場でした。鬼である禰豆子を連れている炭治郎への処遇を述べます。

「ならば俺が派手に頸を斬ってやろう　誰よりも派手な血飛沫《ちしぶき》を見せてやるぜ　もう派手派手だ」

この第一声に象徴されるように、天元は「派手」を自分の生き方の旗印にしていますね。耳や頭、手首、上腕部にも派手な装飾品を着けています。この天元の「派手」というのは詳しくは後に述べますが、**心の盾「急げ」と「強くあれ」の複合的な働き**と考えます。

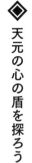

また第71話（9巻）で炭治郎、善逸、伊之助に対して、

「いいか？　俺は神だ！　お前らは塵《ごみ》だ！（中略）俺が犬になれと言ったら犬になり　猿になれと言ったら猿になれ!!」

と、手元でゆるやかに動きを作りながらものすごく上から目線の言葉を述べます。生真面目な炭治郎が「具体的には何を司る神ですか？」と質問をすると、天元は、

「派手を司る神…　祭りの神だ」

と言いました。「神」という言葉から「自分が一番で、他者より優れている」という心の働きを有しているのがわかります。

では、これらの言葉は「急げ」か「強くあれ」のどちらによる言葉でしょうか？　これは、より優位に立ちたい「急げ」と、他人に不信感を抱く「強くあれ」の複合的な言葉ととれるでしょう。その意味で、天元が上から目線の時の言動は、どちらの心の盾を使っている判断に難しい所があります。**天元に動きがある場合は「急げ」、ない場合は「強くあれ」**と考えます。

いずれにしても、伊之助と同じ「急げ」を持っていますね。先ほどの会話の続きで伊之助が**「俺は山の王だ」**と張り合ったところ、天元が伊之助を気味悪がっているのを見て善逸が、

「いやアンタとどっこいどっこいだろ!!」

「同じような次元に住んでる奴に対しては嫌悪感があんだな…」

とツッコミを入れており、2人が似た性格であると見抜きます。

伊之助のところでご紹介しましたが、心の盾「急げ」を持つ人の特徴として、

①他人より優れていたいと思う
②多くのことを同時にやろうとする
③他人に自分の弱みを指摘されると腹が立つ

という3つがあります。①の行動はここまでに紹介したとおりです。

②については、伊之助と同じ二刀流という剣の使い方にも表れています。その意図は伊之助のようにはっきりと語られませんが刀身も真ん中がくぼんでいます。

戦闘においても、3人の妻に指令を出して別々の行動を同時進行させながら、妓夫太郎《ぎゆうたろう》とその妹・堕姫《だき》の2人の鬼を同時に相手にしており、多くの行動を同時に進めています。

③については、すでに遊郭に送り込んでいる天元の嫁から連絡がないことを聞いた伊之助に**「嫁もう死んでんじゃねぇの?」**と言われたときの反応が当てはまるでしょう。天元は腹を立てて、伊之助の腹部に拳を打ち込みました。天元が一番心配している、いわば天元の「弱

み」を指摘した言葉です。

天元は移動する速度もはやいことから、天元の心の盾には「急げ」があると思われます。

◈天元のもう一つの心の盾「強くあれ」

天元は忍者の一族の出身でした。忍者というのは静かに黙って相手の様子を窺い、隠密裏に情報を集める役目といえます。「黙っていつの間にか相手より優位に立ち」任務を遂行する……この特徴は心の盾「強くあれ」に当てはまります。

天元が頭から腕にかけて身に着けている装飾品も非常に派手で、黙っていても相手を圧倒します。本来、心の盾「強くあれ」は、腕組みや斜に構えたりと相手に自分の見える面積を少なくして閉じた格好をするのが特徴です。

しかし、**化粧や装飾品、または筋肉を鎧のように身体に付けることは、人によっては相手から自分を隠す役割も果たすこともあります**。つまり、装いで相手を圧倒して、黙って相手より優位に立つという働きにもなるのです。

心理学者のユングが提唱した、いわゆる「**ペルソナ（仮面）**」にもなる働きです。外部に自分を曝すことを防ぐと同時に、ペルソナの模様で相手を威嚇することもできます。

次に行動ですが、天元にも相手から見えないように動いて優位に立つ行動がありました。第76話（9巻）で、行方不明の天元の妻・雛鶴《ひなつる》と善逸の潜入先である京極屋に潜入し、二人の安否を聞き出すために主人の背後に音もなく現れて喉に苦無《くない》を突き付けます。

また、天元は第75話で情報交換のために屋根の上に集まった炭治郎と伊之助のもとへ音もなくやってきて、背中を見せて座ります。

この時の伊之助が、

「コイツ…やる奴だぜ　音がしねぇ…　風が揺らぎすらしなかった…」

と冷や汗をたらしていました。この描写も、黙って優位に立つという心の盾の行動が表れています。天元はこう続けます。

「お前たちには悪いことをしたと思ってる」

天元が弱気になって炭治郎と伊之助に謝罪をしているというのではなく、炭治郎たちの階級が低すぎて遊郭にいる鬼には対処できないから、すぐに遊郭から去れという言葉でした。

天元が去った後、炭治郎は、

「俺たちが一番下の階級だから信用してもらえなかったのかな…」

と言います。

善逸のところで述べましたが、心の盾「強くあれ」で表れる言動は「コツコツと物事をやり遂げる傾向」「他人に不信感を抱く傾向」の2つがありました。

天元の場合、後者の「他人に不信感を抱く傾向」にあると思われます。天元は決して炭治郎や伊之助を傷つけるためにあのような言葉を発したのではないと思いますが、炭治郎にそのような疑惑を抱かせることになりました。

杏寿郎は、自分の心の盾「努力せよ」の働きによって相手に「頑張ります」という気持ちを起こさせましたが、天元も心の盾「強くあれ」が、「自分たちが弱いので信頼されていないのか」と相手に反省を求める態度を導いています。

杏寿郎と同様に、自分の心の盾によって相手を動かす強さを持っています。

◆天元の行動パターン

天元の心の盾は「急げ」「強くあれ」の複合型です。また、天元は忍者の家系に生まれ、8人いた兄弟は幼いうちに次々に亡くなり、生き残った天元と弟は父親から厳しい訓練を受けました。こうした育ちから、破滅の爆弾は「存在するな」だと考えます。

天元の心の盾は複合型ですが、次の行動パターンも有していると思います。

①急いでいる間は強くある必要はない（心の盾「急げ」が「強くあれ」を隠す）
②急ぐのをやめた時に、心の癖「強くあれ」が出てくる
③心の盾「強くあれ」も出なくなると、破滅の爆弾「存在するな」が表れる

天元が急がずに行動を止めている場面を見ると、繰り返しになりますが、「派手に〜〜をやる」という言葉が出てきます。また、第71話の冒頭にある「俺は神だ！」という一連の上から目線の言動は、ポーズを決める直前だったり、動きが遅い状態で行なっています。動きが遅くなることで「急げ」から「強くあれ」に心の盾が移り代わろうとしているため、ここは他者に対する不信が表れた「強くあれ」の言動です。

同様に、第75話の屋根の上で炭治郎たちに背中を向けて語る場面も体を静止させていて、「強くあれ」が出ている状況です。

それでは、天元の「強くあれ」も出なくなるとどうなるか？　第97話（11巻）で、左目と左手を失って戦えなくなった天元は、柱を引退します。もはや、急ぐことも強くあることも

できなくなったとき、柱という「存在をなくす」という行動パターンが見られました。

◈天元と伊之助は心の盾「急げ」の使い方が違う

天元は伊之助と同じ心の盾「急げ」を、そして変身後の善逸と同じ「強くあれ」を有していました。それでは、天元と伊之助・善逸と心の盾の使い方はどう違うのでしょうか。

まず心の盾「急げ」の「他人より優れていたいと思う」について、伊之助と天元を比べてみましょう。伊之助はストーリーの随所で、とにかく相手に勝負を挑み、時に炭治郎にさえも挑みかかってきます。

「ギョロギョロ目ん玉に指図された‼　でもなんか…なんか…　なんか凄かった　腹立つぅぅう‼」（第60話／7巻）

「命令すんじゃねえ　親分は俺だ‼」（第61話／7巻）

このように、誰かに指図されることを嫌い、あくまでも自分が相手より優れた者でありたいと主張します。天元も伊之助と同じレベルかと思われるかもしれませんが、少し違います。

心の盾「急げ」の「他人より優れていたい」という特徴は、相手に不信感を持つというより、単純に力比べをしたいという心の働きです。第87話（10巻）で妓夫太郎と天元の次のような会話がありました。妓夫太郎が天元に言います。

「お前違うなぁ　今まで殺した柱たちと違う　お前は生まれた時から特別な奴だったんだろうなぁ　選ばれた才能だなぁ　妬ましいなぁ　一刻も早く死んでもらいてぇなぁ」

この言葉に対し、天元が答えます。

「…　才能？　ハッ　俺に才能なんてもんがあるように見えるか？　俺程度でそう見えるならテメェの人生幸せだな」

「この国はな広いんだぜ　凄《すげ》ェ奴らがウヨウヨしてる」

「俺が選ばれてる？　ふざけんじゃねぇ　俺の手の平から今までどれだけの命が零れたと思ってんだ」

さらに、天元は第80話で命の優先順位について、3人の嫁が1位、堅気の人間たちが2位、そして自分自身の命だと述べていました。以上のことから、天元は「他人より優れていたいと思う」気持ちが、**炭治郎、伊之助、善逸の前では出て、違う場面では出ないというコントロールされたもの**だとわかります。自分を捨ててまで周りの命を助けようとする根本にあるのは、決して自分が優れているとか自分は神だとかという思いではないでしょう。

天元は**「派手」というペルソナの下にコントロールされた真の自分がある**と考えます。柱として組織を統率する立場にあることから、時に強い言動で指示を出す必要もあるでしょう。必要だったからこそ身につけた技術であり、決してうぬぼれた心の持ち主でないことがわかります。彼のようなリーダーがいる組織は、部下を適度に奮い立たせながら強くなっていくことと思います。いわば「背中を見せる」タイプのリーダーです。

炭治郎たちも、天元の強さに自省することはあっても委縮することはありませんでした。「急げ」「強くあれ」という、ともすれば相手に威圧感のみを与えかねない心の盾を有する天元にその雰囲気を感じにくいのは、その裏に包容力を持ち合わせているからでしょう。

◆変身後の善逸との心の盾「強くあれ」の違い

心の盾「強くあれ」の特徴は、相手に対して閉じられた言動で相手に対して優位な立場をとることでした。

元忍者であった天元は、閉じられた格好で黙って相手に近づきます。相手に気づかれずにベストな位置に立ち、相手を威圧したり驚かせたりします。ただし、その時に天元が行っていることは、情報の収集や提供です。京極屋の主人の背後に音もなく現れた時も、屋根の上で炭治郎と伊之助に会いに現れた時も、情報を集め、提供しに現れました。

すなわち、天元は自分の心の盾「強くあれ」の癖を知っていて、ここぞという場面で巧妙にそれを利用しています。**静かに近づいて、優位な立場に立つという心の盾「強くあれ」の癖を情報収集の行動として使っている**のです。

これが意識しているのかしていないのか、忍者として育てられたために自然と身につけたものなのかは不明ですが、実に巧みでコントロールされたものだといえます。単純に相手に己の力を見せつけるといった行動はとりません。己の心の安定のために行っている行動でもありません。

善逸の心の盾「強くあれ」には、ここまでのコントロール性を感じません。単純に戦いの中で相手に対して強い印象を与えているように見えます。

つまり、伊之助も変身後の善逸も、まだまだ心の盾を使いこなせていないということですね。二人は心の盾の使い方が上手とは言えませんが、いずれコントロールできるようになれば天元のようにベストな状況で使いこなせるようになるかもしれません。

水柱・冨岡義勇に学ぶ「積み重ねる意志」

最後に、水柱・冨岡義勇の心の盾を分析していきます。

義勇の心の盾は、変身した善逸や天元と同じように「強くあれ」だと思われます。ただし、義勇の「強くあれ」は善逸や天元とは違っています。

「強くあれ」の復習になりますが、「強くあれ」が言動に出るときの特徴には「コツコツと物事をやり遂げる傾向」「他人に不信感を抱く傾向」の2つがありました。

善逸も天元も後者でしたが、**義勇は「コツコツと物事をやり遂げる傾向」である**と考えます。

◈義勇の心の盾を探ろう

義勇のキャラクターとして、あまり言葉を発することはありません。柱の面々（特に胡蝶《こちょう》しのぶ）からも言葉が足りないとよく指摘を受けています。

義勇の初登場は第1話で、言葉を発することなく禰豆子の背後から頚を斬ろうとするものでした。言葉を発しないで優位に立とうとするのは、心の盾「強くあれ」を有している可能性が高いです。

義勇は元来あまり言葉を発しない静かな男性だと思われます。第38話（5巻）で那田蜘蛛山の鬼を倒した直後に伊之助から戦いを挑まれて、

「俺と戦え半半羽織《はんはんばおり》!! あの十二鬼月にお前は勝った そのお前に俺が勝つ そういう計算だそうすれば 一番強いのは俺っていう寸法だ!!」

伊之助の心の盾が出ているような言い回しでまくしたてられますが、義勇は、

「修行し直せ 戯《たわ》け者!!」

「今のは十二月鬼月でも何でもない そんなこともわからないのか」

と手短に話すだけです。さらになおも激昂する伊之助を、何も言わずに縛りあげて木の枝から吊り下げました。

また、第148話（17巻）の猗窩座との戦いで猗窩座に名前を聞かれますが、

「鬼に名乗るような名は持ち合わせていない 俺は喋るのが嫌いだから話しかけるな」

と会話を拒む姿が見られます。

義勇の心の盾の使い方が善逸・天元と異なると考えられる点を探してみましょう。

第43話（5巻）の最後に胡蝶しのぶがやってきて禰豆子の頚を取ろうとするのを、義勇が庇います。そのとき、しのぶが次のセリフを言い放ちます。

「どうして邪魔をするんですす冨岡さん　鬼とは仲良くできないって言ってたくせに何なんでしょうか　そんなだからみんなに嫌われるんですよ」

それに対する義勇の返答が、第44話（6巻）の初めにあります。それが、

「俺は嫌われてない」

という言葉です。これは、義勇の主観では、「自分は他人から不信感を抱かれていない」と思っているということを表します。

また、第47話の柱合裁判では、炭治郎を押さえつける蛇柱・伊黒小芭内《いぐろおばない》の腕を掴んで、禰豆子が処刑されるのを防ぐ手助けをします。これは、炭治郎・禰豆子への信頼感があるからです。

ですので、心の盾「強くあれ」の傾向のうち、「他人に不信感を抱く傾向」を持っていないことがわかります。

では、もう一つの傾向である「コツコツと物事をやり遂げる傾向」はどうでしょうか？義勇のプロフィールの中に、**詰将棋が好き**だとあります。詰将棋は黙々と考えては駒を指し、また考え直しては指しの繰り返しで、コツコツとやり遂げる特性の趣味です。

趣味で心の盾がわかるのかと疑問に思う人がいるかも知れませんが、**趣味や仕事は「心の盾」の性質に導かれるように選んでいることが多い**です。

心の盾「完全であれ」を持っている人は、数字やデータを扱う職種や、雑誌の編集、校閲といった、特にミスが許されない職種に就いたりします。「他人を喜ばせよ」の人は接客業や、医療、介護など仕事のなかで他人の喜ぶ姿を見ることができる仕事に就いたりします。

趣味も同じで、自分の心の盾と合う趣味を持つことで心の盾の強さを趣味で調節して、日常のストレスに耐えられる自分を作っていることがあります。心の盾「強くあれ」を持っている人であれば、釣りを趣味として、仕事でストレスを感じたら黙って釣りをするという行動で心の盾の強さを調節したりします。義勇も趣味の詰将棋をして、心の盾の強さの調節をしていると思われます。

また、第130〜131話（15巻）で義勇の過去が明かされた場面にも、「強くあれ」の行動が見られました。義勇の口から、自分が最終選別で鬼を一体も倒していないこと、錆兎に助けられたこと、自分が柱としての価値に値しない人間であることを告げられます。

しかし、炭治郎の「**義勇さんは錆兎から託されたものを　繋いでいかないんですか？**」との言葉に、過去に錆兎に言われた言葉を思い出しました。

「**お前は絶対死ぬんじゃない　姉が命をかけて繋いでくれた命を　託された未来を　お前も繋ぐんだ　義勇**」

炭治郎に錆兎との過去を語ったことで、義勇は当時を思い出して破滅の爆弾の導火線に火がつく寸前だったかもしれません。落ち込んだ様子でした。しかし錆兎の言葉を思い出したことで、未熟な自分を受け止め再び前を向きます。そのとき炭治郎に言ったのが、

「**遅れてしまったが　俺も稽古に**」

というものでした。**地道な練習を繰り返すという「強くあれ」の行動の傾向**が表れたものです。

◆義勇の行動パターン

義勇の行動パターンを調べる前に、義勇の破滅の爆弾を確認しておきましょう。義勇は、姉を鬼に殺されたうえに親友の錆兎も鬼に殺されて鬼殺隊に入ったことから、破滅の爆弾「存在するな」を有していると考えます。義勇の心の盾は「強くあれ」で、破滅の爆弾は「存在するな」ですから、行動パターンは次の通りです。

①自分が強い間は、存在できる
②自分が強くなくなると、存在できない

先ほども取り上げた義勇が過去を語る場面は、義勇にしてはとても饒舌です。黙って相手より優位に立つという心の盾「強くあれ」が弱まり、背後から破滅の爆弾が表れる事態です。実際にその時の義勇の言葉を見ると、

「俺は水柱になっていい人間じゃない　そもそも柱たちと対等に肩を並べていい人間ですらない　俺は彼らとは違う　本来なら鬼殺隊に俺の居場所は無い」

と、破滅の爆弾が出てきています。一見するとこれは「お前であるな（柱であるな）」の言葉のように見えますが、炭治郎は第131話でこの言葉の真意を直感します。それは、

「きっと　義勇さんは自分が死ねば良かったと思っているんだなあ」

というものです。破滅の爆弾「存在するな」から出てくる言葉だとわかります。

◆義勇は破滅の爆弾をすり替えている？

心の盾「強くあれ」が破滅の爆弾「存在するな」を隠すという行動パターンは、変身後の善逸と同じです。しかし、二人はあまり似ている感じがしないでしょう。それもそのはずで、義勇の破滅の爆弾の表れ方は少し特殊なのです。

義勇は心の盾が弱まり破滅の爆弾が表れると、「俺は水柱になっていい人間じゃない」という、**存在に関する破滅の爆弾のうち「お前であるな」の方の言動が出てきます**。「存在するな」に関する言動が真っ先に出てきません。

この「お前であるな」は、幼少期からの兄弟姉妹間の葛藤が大きい人や、男性であると自認しているのに女性として育てられるなどの性別の葛藤がある人が持つと一般に言われています。お姉さんへの愛情描写から、義勇にこの条件が当てはまるとはあまり思えません。

では、なぜ「存在するな」の言葉ではなく、「お前であるな」の言葉を使うのか？　唯一考えられるのは、錆兎からかけられた言葉の影響ではないでしょうか。

「自分が死ねば良かったなんて　二度と言うなよ　もし言ったらお前とはそれまでだ　友達をやめる」

義勇はこのことをずっと忘れていたと言っていますが、無意識にこの約束を守って、**本来の破滅の爆弾「存在するな」から出てくる「死ねば良かった」という言葉を回避して「お前であるな」の言葉を代わりに使っていた可能性があります**。

または、もしかしたら義勇は自分の中に「存在するな」と「お前であるな」の2つがあることに気が付いていて、「お前であるな」を選択すると自分の破滅が幾分か抑えられるとわかって、より破滅の弱いほうを選択していた可能性もあるかもしれません。

そうであれば、義勇は無意識に破滅の爆弾「存在するな」をコントロールし、すり替えていた可能性があります。**破滅の爆弾は心の盾と違って無意識下にあり、操作することは非常に難しい**です。それを行っていた義勇の、柱としての心の熟達度がわかるようです。

しかし、**一般人がこのコントロールを試みることはお勧めしません**。

繰り返しますが、破滅の爆弾は人間の無意識下にあり、その操作をするのは容易ではありません。カウンセラーや精神科医のなかには、クライエント（患者）の夢などを扱ったり、「言い間違い」を扱って無意識を操作する人もいますが、それは至難の技です。言い間違いは精神分析学では無意識の本音と言われ、カウンセリングの途中で起こる言い間違いをとらえると、無意識で起こっていることがわかるのです。

無意識がゆがんでいると見る夢もゆがんでくるので、カウンセラーの中には患者に夢日記を書いてもらい、その日記をもとにカウンセリングを行う人もいます。

義勇が無意識のうちに行っていた破滅の爆弾の書き換えは、正式には「禁止令の書き換え」といって実際にカウンセリングの場面で行いますが、無意識をいじるので時に患者が錯乱したり、号泣したり、行動化と言って交通事故を起こしたり、暴力を振るう人もいます。

無意識の扱いは熟達のカウンセラーでも手こずることがあるほど危険なので、試みたい場合は専門のカウンセラーを訪ねるようにしてください。

破滅の爆弾をいじることは危険ですが、**心の盾を鍛えることは安全ですし効果的です**。心の盾を上手く使うことで破滅の爆弾の爆発を防ぎましょう。

産屋敷耀哉の心を分析する

産屋敷《うぶやしき》耀哉《かがや》は鬼殺隊の97代目の最高責任者で、隊員たちからは「お館様」と呼ばれ慕われています。剣士ではなく強さもありませんが、柱たちが産屋敷の前ではひざまずき頭を下げるほどの統率力を有しています。その統率力は、現代でいう「f分の1ゆらぎ」という隊員たちを心地よくする声音と、隊員に対する思いやりの念が原動力とされています。

結論から言うと、**耀哉は5つの心の盾すべてを持ちながら、破滅の爆弾を持たないという極めて稀有な人物です**。現実世界に生きる人間に当てはまる人物はいないでしょう。もはや悟りを開いたブッダの領域にいるようです。

ですから、**一般人である我々が耀哉を真似ることは難しい**と言わざるを得ません。柱の面々は努力によって到達できる領域にありますが、耀哉にはなろうとしてなれるものではありません。

しかし、耀哉の他者を労わる気持ちなど、**部分的には学ぶことができるでしょう**。自分と合致する心の盾に注目して読んでいただければ幸いです。

◆耀哉の心の盾を探ろう

まず、産屋敷家と無惨の関係性から1つの心の盾が見えてきます。「急げ」です。産屋敷の一族から鬼の頭領である鬼舞辻無惨が出たことで、産屋敷家の当主は30歳を前に寿命が尽きてしまう運命にあります。耀哉も病が進行し、もうすぐ寿命が尽きようとしています。

自分が生きているうちに無惨を成敗しなければならないことから、**耀哉は生まれながらにして「急げ」を宿命づけられている**と考えられます。ただし、急げの傾向である「私は他人より優れていたいと思う」「多くのことを同時にやろうとする」ことは耀哉の立ち振る舞いからは見られません。

つまり、急がなければならない行動は運命づけられているが、**それが「駆られる」ように行動しない、バランスの良い状態が保たれています**。

次に、心の盾「努力せよ」も、産屋敷家の宿命として与えられたものといえるでしょう。一生涯をかけて無惨を追い続けるという姿そのものです。具体的な言動を見ると、第137話（16巻）で無惨が産屋敷の館に乗り込んできたときの無惨との会話で、

「半年も前には…　医者から…　数日で死ぬと言われていた…　それでもまだ…　私は生きている…」

「それもひとえに…　君を倒したいという一心ゆえだ…無惨…」

と言います。医者も言葉を失うこの生命力は、無惨を成敗するための努力をしていると読んでいいでしょう。

また、第47話（6巻）の柱合裁判においては、炭治郎に対して、

「証明しなければならない　これから　炭治郎と禰豆子が鬼殺隊として戦えること　役に立てること」

「十二鬼月を倒しておいで　そうしたら皆に認められる」

と、炭治郎と禰豆子に努力をすることを求めています。どんなときも強く命令を出すことはないのですが、柱たちが鬼と戦って生き残るよう励ます言葉が随所に見られますね。

これらから耀哉は心の盾「努力せよ」を有していると考えられます。

それでは、心の盾「完全であれ」はどうでしょうか？

まず、耀哉の話し方を見てみましょう。無惨と初めて出会った時の言葉は次の通りです。

「ついに…私の…元へ来た…　今…目の前に…　鬼舞辻…無惨…　我が一族が…鬼殺隊が…千年…　追い続けた…鬼…」

「君は…　来ると…　思っていた…　必ず…　君は私に…　産屋敷一族に酷く腹を立てていただろうから…　私だけは…　君が…　君自身が殺しに来ると…　思っていた…」

これは、余命いくばくもない病人であることから、息も絶え絶えな話し方になっていますが、言葉の中の「…」をとってみると、

「ついに私の元へ来た。今、目の前に、鬼舞辻無惨……我が一族が、鬼殺隊が、千年追い続けた鬼。君は来ると思っていた。必ず。君は私に、産屋敷一族に酷く腹を立ててきただろうから、私だけは、君が、君自身が殺しにくると思っていた」

このようになり、**なかなか「。」に到着しない話し方**と思われます。

また第139話の冒頭で、耀哉が病気で動けなくなるまでは、亡くなった鬼殺隊員の墓参りを一日も欠かしたことがないという情報がありました。さらに、岩柱の悲鳴嶼《ひめじま》行冥《ぎょうめい》が耀哉について、

「お館様の荘厳さは　出会ってから死ぬまで　変わることがなかった」

と述べており、耀哉の態度が出会ってから死ぬまで「変わらない」という完全さを保って

いたことがわかります。

また、無惨を倒すという目的のために手がかりになると判断すれば、鬼である禰豆子を認め、珠世までも仲間に引き入れ、そして自分や家族の命を投げ出してでも作戦を遂行するという**戦略の「完全さ」が見られます**。

これらのことから、耀哉は心の盾「完全であれ」も有していると思われます。


心の盾「強くあれ」についても、象徴的な言葉がありました。

産屋敷家で宿敵である無惨と対峙した耀哉は、無惨に対して怒りの感情などを一切表すことなく、感情をひた隠しにしたまま隠密裏に無惨成敗の作戦を推し進めています。このことについて、第１３８話で無惨が耀哉について、

「私への怒りと憎しみが蝮《まむし》のように　真っ黒な腹の中で蜷局《とぐろ》を巻いていた
あれだけの殺意をあの若さで見事に隠し抜いたことは驚嘆に値する」

と評価を下しています。このように感情を隠して物事を優位に進めるのは心の盾「強くあれ」の働きです。耀哉は普段から喜怒哀楽の感情をあまり露わにしないというのも、「強くあれ」によるものでしょう。

心の盾「他人を喜ばせよ」については、多くの柱たちによる耀哉への言葉が表しているとおりです。第139話の初めで行冥が耀哉について、

「あの方はいつも　その時人が欲しくてやまない言葉を　かけてくださる人だった」

と言うとおり、他人の必要とする言葉をかけてやるという耀哉の行為は、心の盾「他人を喜ばせよ」によるものです。

また、話し方をとっても、

「お早う皆　今日はとてもいい天気だね」（第46話／6巻）

このように、語尾に「〜ね」を付けるのは相手の同意や機嫌をうかがう言葉で、心の盾「他人を喜ばせよ」から表れるものです。耀哉の持つ「f分の1ゆらぎ」それ自体も、話す相手を心地よくするものですから、「他人を喜ばせよ」の働きと言ってもいいかもしれません。

このように、耀哉は5つ全ての心の盾を持ちながら、それらを巧みに使うことで鬼殺隊を統率していることがわかります。人間である以上は5つの心の盾のうちどれかを必ず持っていますから、**耀哉はどのような人間が相手でも行動パターンを近しくすることができ、相手からの共感を得ることができます。**

つまり、誰とでも心を繋ぎ、心を一つにして困難を乗り切ることができるのです。このようなトップがいる組織は、目的を必ず達成する強さを発揮するでしょう。

◈耀哉の破滅の爆弾は停止している

耀哉の破滅の爆弾は、30歳までに死ぬ運命であることや無惨を成敗することを運命づけられて生まれてきたことから、「存在するな」であろうと考えられます。

しかし、この破滅の爆弾は耀哉にとっての脅威にはなりえません。なぜなら、耀哉は「永遠に存在できる思い」を持っているからです。

第137話で、耀哉は永遠の命を求める無惨に諭します。

「私は永遠が何か…　知っている」

「永遠というのは人の想いだ　人の想いこそが永遠であり　不滅なんだよ」

つまり、耀哉は人の想いが繋がっていく限り、自分の肉体は死んでも想いは永遠と生き続けられると考えていることがわかります。

耀哉は破滅の爆弾「存在するな」の導火線に火がついても、**それは「想いが繋がれば永遠**

に存在できる」に書き換えられているため、「存在するな」の破滅の爆弾が爆発することはありません。義勇が「存在するな」と同じ存在の破滅の爆弾である「お前であるな」を利用して、自分の破滅を防いでいるのと似ています。

それでは、何のために5つの心の盾を持つ必要があるのでしょうか。可能性として3つのことが考えられます。

◆**可能性①**：耀哉がまだ幼い時に「自分の寿命が短い」ことを聞かされて、**死の恐怖が強かった**。それゆえに、破滅の爆弾の書き換えが行われてもなお「存在するな」の力が強大で、それを隠すために5つの心の盾が必要だったから。

◆**可能性②**：**無惨に対する「存在してはいけない」という思いが強すぎる**ために、破滅の爆弾「存在するな」の力が強大になって衝動的な怒りや悲哀などが表れやすく、それを5つの心の盾でコントロールしている。

◆**可能性③**：想いを受け継ぐという鬼殺隊の存在があるため、耀哉の心にはもはや「存在できない」という思いはなく、**ただ外敵（鬼）から自分を守るためだけに使用している。**

耀哉は自分の死を恐れている様子が見られません。

ならば、可能性③だけなのか？　それとも、実は強い破滅の爆弾「（無惨が）存在するな」があり、そこから出る怒りなどの様々な感情や行動を防いでいる可能性②か？　はたまた、幼少期には強い死への恐怖があったと考えて可能性①か？

この答えは作者のみぞ知るということになるので、読者の皆様の考えにお任せするしかありません。

可能性③の内側の死がなくなるということは、老いの恐怖も、病気の恐怖も、さらに生きる苦しみも無くなることを意味します。つまり、**仏教の教えにある「四苦八苦《しくはっく》」のうちの四苦の「生」「老」「病」「死」の苦しみを超越することになります**。これが、耀哉が悟りの世界に近い状態と考える理由です。

死を恐れて鬼となり、太陽の光に当たらない限りという「制限された永遠」を手に入れた無惨と、心の中の死を乗り越えて永遠の想いを手にした耀哉の対比から、改めて生死の意味、永遠の意味を考えさせられます。

このテーマがクライマックスの炭治郎と無惨の戦いに持ち越され、改めて生死の意味、永遠の意味が問われます。

村田さんに心惹かれる理由

『鬼滅の刃』ファンの方でしたら、村田さんと聞くとすぐに髪の毛のキューティクルがきれいなあの人が思い浮かぶでしょう。フルネームや年齢などは不明のいわゆるモブキャラとしての登場ですが、多くの読者から人気を集めています。村田さんの同期には義勇や錆兎がいることから、少なくとも炭治郎よりも年齢が上でしょう。

この村田さんの存在は、実は『鬼滅の刃』のテーマを浮き彫りにさせてくれるものだと私は考えています。情報は少ないながらもできる限り分析を試みたいと思います。

村田さんの心の盾を探ろう

村田さんの初登場シーンである第28話（4巻）の、那田蜘蛛山で初めて炭治郎と伊之助に会ったとき、村田さんは、

「なんで〝柱〟じゃないんだ…!! 癸《みずのと》なんて何人来ても同じだ　意味がない!!」

と言っています。やや自暴自棄な言葉にも聞こえますね。この「意味がない」との言葉を「意味が分からない」という意味で取れば心の盾「努力せよ」になりますが、「それでは不完全だ」という意味であるとも読み取れます。**「完全であれ」と「努力せよ」の複合型**がみられます。

続けて第30話では、

「糸を斬ればいいというのがわかったし　ここで操られている者たちは動きも単純だ　蜘蛛にも気をつける　鬼の近くにはもっと強力に操られている者がいるはず　二人で行ってくれ!!」

とその場を引き受けて、炭治郎と伊之助を先に行かせようとします。

状況の把握が完璧で、「行ってくれ」という言葉は努力を促す言葉です。また、話し方としては、蜘蛛に襲われてストレスフルの状況で「、」が多く、言葉が長いと考えます。

第48話（6巻）では入院した炭治郎のところに見舞いに来てくれました。

「なんか最近の隊士はめちゃくちゃ質が落ちてるってピリピリしてて皆　那田蜘蛛山行った時も命令に従わない奴とかいたからさ…　その〝育手〟が誰かって言及されててさ…」

このときも、「地獄だった」という柱合会議を振り返りながら「、」で続く話し方をして、視線が床を向いています。ただ、手を膝において、背中を丸めた姿勢で話しています。ストレス場面でこの姿勢をとるのは、心の盾「努力せよ」を持った人とされます。

もう少し、言葉や行動を拾ってみましょう。第134話（16巻）の柱稽古の場面で、

「とりあえず一刻滝に打たれ続けられるようになったから　俺はこれから丸太の訓練だ…」

というセリフがありました。この「とりあえず」という言葉は「不完全ながら」という意味にとれます。本来「完全である」べきだが、今だけ不完全という意味合いです。

最後に第186話（21巻）で、瀕死の炭治郎に心臓マッサージを施しているときに、

「炭治郎!!　しっかりしろ炭治郎　聞こえてるか!!」

と声をかけていました。「しっかりしろ」は「努力せよ」から表れた言葉と考えられます。

以上から、村田さんの心の盾は「完全であれ」と「努力せよ」であろうと思われます。

◈村田さんの行動パターン

村田さんは、「完全であれ」と「努力せよ」の2つの心の盾を持っていると考えられますが、特に**他人を介抱するときに心の盾「努力せよ」が強く出てきます**。

村田さんの登場の場面は、他人を助けたり、介抱したりする場面が多いです。例えば第

146話（17巻）で、瀕死の善逸の介抱をする場面が出てきますが、この時の村田さんは愈史郎に、

「顔見知りなんだよ　何とかしてくれよ」

と言います。「してくれ」という言葉は相手に努力を求める言葉です。これに対して愈史郎から、**「うるさい　黙れ村田　味噌っかすの分際で　襲われないようしっかり周りを見てろ」**

と言われて、

「おめえ!!　階級何なんだよ　俺より下だったら許さねぇからな」

と憤って答えています。この言葉からは、「その言葉を発するには、階級は俺より上という完全さが必要だ」という意味が込められているようです。「完全であれ」ですね。

また、村田さんの破滅の爆弾も、存在に関する「存在するな」か「お前であるな」であろうと考えられます。

以上から、村田さんの行動パターンを考えると次のようになります。

①ストレス場面では心の盾「努力せよ」が表れ、「努力をしている間は不完全でよい」

②努力ができなくなると心の盾「完全であれ」が表れ、「完全である以上は存在できる」
③不完全になると、破滅の爆弾「存在するな」または「お前であるな」が表れる

中心にある「存在するな」または「お前であるな」という存在に関する破滅の爆弾を、**心**の盾「完全であれ」が隠していて、さらにそれを心の盾「努力せよ」で隠しています。

では、村田さんの破滅の爆弾は「存在するな」「お前であるな」どちらでしょうか？

単行本17巻の第146話と第147話の間に村田さんの説明があり、肉親を鬼に殺されて天涯孤独となり鬼殺隊に入ったとされます。村田さんは敵討ちとして、腕を上げて鬼を成敗することが自分の存在の意義と思ったのでしょう。

しかし、村田さんは初心者にも易しいとされる水の呼吸が思うように使えません。もう一度、村田さんの初めての言葉を見ると、

「癸…………　癸……!?　なんで〝柱〟じゃないんだ…!!　癸なんて何人来ても同じだ　意味がない!!」

と階級について言及します。ここまで述べたところで伊之助に殴られて、

「意味のあるなしで言ったらお前の存在自体意味がねぇんだよ」

と凄まれます。伊之助の発言は実は的を射ており、**「柱以外意味がない」と言う村田も柱ではないのですから、村田自身の存在も意味がないことになる**ということです。

つまり、階級にこだわりを見せながらも階級の低い村田さんは、**「お前であるな」**（階級が低いのは自分でない）という破滅の爆弾を持っていると考えます。

◈村田さんの破滅の爆弾に癒しが与えられる

村田さんは2つの心の盾を使って、「お前であるな」の破滅の爆弾を隠し守っていました。

そんな心の構造を持っている村田さんに、第185話（21巻）で、義勇が瀕死の炭治郎を助けるために声をかけます。

「村田―――!!　炭治郎が動けない!!　安全な所で手当てを頼む!!」

村田は義勇の声に対して涙を流しながら、

「俺の名前覚えてたんだ冨岡…　選別の時から一緒だったんだ俺たち…!!　すごい差がついちゃったけど　同期なんだぜ俺たち…!!」

と心の中で思います。

ここで涙を流した村田さんは、義勇に声をかけられる少し前に、少し離れたところから無惨と柱たちの戦いを見ています。村田さんは無惨を見ながら、

「アイツ…　アイツが無惨…　家族の仇…　殺す…殺す!!」

と家族の仇を取ろうと思っています。しかし、村田さんは柱たちが力を合わせて戦っても容易に勝てない無惨の強さを見ているはずです。

村田さんの心のどこかでは「自分が敵う相手でない。自分は階級が低いから」と考えていることが予想できます。無惨と戦ったところで勝てるのは自分ではないという、破滅の爆弾「お前であるな」が活動を始めています。

そんな時に、義勇から自分の名前を呼ばれることは、

「階級が低く十分に鬼と戦えない自分ではあるが、義勇は『村田』という名前を忘れていなかった。階級は低いが、〝俺〟は村田で、価値のあるものなのだ」

というメッセージを受け取ったのでしょう。

つまり「お前であるな」という破滅の爆弾に、「お前（村田）であっていいのだ」という破滅の爆弾の癒しが与えられています。存在を認められたことで涙が流れたのです。

◆『鬼滅の刃』における村田さんの意味

モブキャラでありながら、『鬼滅の刃』における村田さんの意味は大きいと思います。柱でなくても、戦闘能力が低くても、階級が低くても、「村田さん」という存在それだけで価値があるとのメッセージが、村田さんのキャラクターには秘められています。

村田さんが他の隊士を介抱したり、**他人のために努力したり、完全であろうとしてもがきながら心の盾を使うことは、とても尊いこと**だというメッセージがあります。

つまり、地味で目立った活躍がないと思われるような村田さんですが、村田さんという世界にただ一人の存在こそが尊いものなのです。

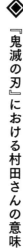

鬼殺隊員の「心の盾の使い方」まとめ

ここまで炭治郎、伊之助、善逸、そして柱である杏寿郎、天元、義勇、さらにお館様と村田さんの心の盾の使い方を分析してきました。心の盾は使い方によって自分にとってプラスにもマイナスにもなります。キャラクターによっても、それができている人とまだ使いこなせていない人がいます。

そこで、ここまで紹介した鬼殺隊員たちの心の盾の使い方の特徴を振り返りながら、誰が心の盾を巧みに使いこなしているか見てみましょう。次の①から⑥まで段階的にまとめました。また、読者の皆様の心の盾の状態は、どの段階にあるでしょうか？

①心の盾を使いすぎると、かえってストレスが強くなる

・善逸：将来の不完全さを心配し、先回りをして愚痴ばかり言う。
・伊之助：他人より優位に立ちたい気持ちが強く、誰彼構わず決闘を挑み戦い続ける。

②心の盾を使わないと、背後から破滅の爆弾が出てくる。

・善逸：鬼に対して「完全に」勝てないと悟ると、「死ぬ」などの言葉が表れる。
・村田：鬼殺隊として「完全な」腕前をあげることができず、柱になれない。

③心の盾を程よく使ってストレスを操り、自暴自棄などになることがない

・炭治郎：自分に危機が訪れると強く「努力する」が、常に強く努力してはいない。
　「他人を喜ばせよ」が頻繁に表れるが、他人の顔色をうかがうことはない。
・善逸（変身後）：黙って鬼を成敗して役割を果たす。必要がなくなったら元に戻る。
・村田：鬼は倒せないが、必要な時に「努力をして」仲間を助けようとする。

④心の盾を程よく使い、かつ目的達成に向かって調整をしている

・杏寿郎：仲間全員で「努力する」ようにする。また、他人が理想に向かえるように言葉を贈る。

・天元：「他人より優れていたい」という態度は、ここぞという必要な場面で表れるようにコントロールされている。また、「強くあれ」の働きで炭治郎たちに力不足（弱い）という思いを抱かせるが、突き放す態度ではない。

⑤心の盾で破滅の爆弾を隠すのではなく、破滅の爆弾の軽いほうを使用する。

・義勇：存在に関する破滅の爆弾「存在するな」を持っているのに、同じ存在に関する破滅の爆弾のうち、程度の軽い「お前であるな」にすり替えていた。

※ただし、これは極めて特殊な例。通常は困難なことである。

⑥心の盾をすべて持ち、破滅の爆弾を持たない。

・耀哉：唯一の存在。全ての心の盾を持って自由自在に扱う。また、破滅の爆弾「存在するな」はないに等しく、それを守るために心の盾を使う必要がない。

なお、ほとんどと言っていいほど心の盾を使いこなせていないのが変身する前の善逸（「完全であれ」の善逸）ですが、善逸も剣士としての成長ともに、適切に使えるようになっていきます。この善逸の心の成長が、読者の感動を誘うところでもあります。

また、耀哉や柱たちほどではありませんが、炭治郎も心の盾の使い方がとても巧みです。「心の盾の自己採点」でいえば0～1点になることはなく、「努力」か「他人を思いやる」行動を絶やすことはありません。鬼と戦うときは8～9点くらいの高いレベルにして鬼を成敗しますが、その後は、また5～6点程度に心の盾を落ち着けていると思います。

読者の皆様の、現在の心の盾の使い方は①から⑥のうちでどれでしょうか？　このうち⑥にたどり着くことはできないかもしれませんが、心の盾は使ううちにより強く、コントロールされたものになっていきます。『鬼滅の刃』に登場するキャラクターたちはストレス場面に遭いながらも、そうやって成長していきます。

ぜひ心の盾をうまく使って、より良い日常を送っていただきたいです。

最後に繰り返しますが、⑤については無意識の操作なので自分で行おうとしないでください。行う場合は「再決断療法」ができる専門家をおたずねください。

第4章

鬼に学ぶ 心を破滅から守る方法

無惨に学ぶ「反面教師としての生き方」

◈無惨の心の盾「努力せよ」について

鬼舞辻無惨の行動パターンを考えるにあたって言動を拾っていると、炭治郎ととても似ていて、驚かされました。それと同時に、『鬼滅の刃』のストーリーがいかによく練られているかを再確認し、改めて良質な作品だと感じます。

心理学者のユングが考えた**「影（シャドー）」**という概念があります。影とは、**「互いにとても似ているが、そのように生きなかった自分の姿」**のことです（なお、本書で使う影という意味は、ユングの「影」を交流分析で言い換えたものとお考えください）。

主人公は悪役の影である場合が往々にしてあるのですが、『鬼滅の刃』でも同様に無惨は炭治郎の影の可能性があります。最終決戦の最後の場面で、無惨が炭治郎を鬼に変え自分の跡継ぎのようにする場面がありますが、**無惨は炭治郎が「ある一点」を変えさえすれば、自分のようになると気付いた**と思われます。しかし、無惨は炭治郎のその「ある一点」を変えることができませんでした。

では、無惨の行動パターンを探りながら、炭治郎と似ている点と、どうしても変えられなかった「ある一点」を考えていきたいと思います。

無惨の生い立ちは、第127話（15巻）で詳しく語られました。

平安時代に生まれ、虚弱体質のために「二十歳になるまでに死ぬ」と告げられていました。そこに善良な医師が現れて懸命に力を尽くしてくれますが、快復しないことに腹を立てた無惨は医師を殺害します。

しかし、医師の薬は効いていて、無惨は強靭な肉体を手に入れた代わりに、人間の血肉を欲し太陽の下を歩けない鬼になりました。無惨は太陽の下でも生きられる体を求めて、手がかりである「青い彼岸花」を千年ずっと探している、という内容です。

千年以上も1つのものを探す姿は執念の塊ですが、**良く言うと努力を継続する人**です。このことから、**無惨の心の盾は「努力せよ」**であると仮定されます。

無惨の心の盾「努力せよ」が強く表れている場面が、俗に「パワハラ会議」と呼ばれる第51～52話（6巻）です。無惨の元に集められた5人の下弦の鬼が責められます。

「私が問いたいのは一つのみ　『何故《なにゆえ》に下弦の鬼はそれ程まで弱いのか』　十二鬼月に数えられたからと言って終わりではない　そこから始まりだ　より人を喰らいより強くなり私の役に立つための始まり」

この言葉は、「私（無惨）のために強くなれ」と下弦の鬼たちに努力を要求しています。その後も、無惨の追及は続きます。心の中で反論を抱いた下弦の陸の声を読み、無惨は畳みかけます。

「〝そんなことを俺たちに言われても〟　何だ？　言ってみろ」

「何がまずい？　言ってみろ」

次々と、相手に次の言葉を発する努力を要求します。この時、無惨は眉間にしわを寄せませんが、顔や額に血管が浮き出てきます。これも相手に努力を促す「努力せよ」の行動です。下弦の陸に続いて下弦の肆、下弦の参の鬼も無惨に殺され、怒る無惨は「下弦の鬼は解体する」と告げました。残った下弦の弐の鬼が、

「私はまだお役に立てます　もう少しだけ御猶予を頂けるならば　必ずお役に」

と無惨のために努力を厭わない言葉を発すると、無惨はすかさず、

「具体的にどれ程の猶予を？　お前はどのような役に立てる？　今のお前の力でどれ程のことができる？」

と、下弦の弐の鬼に努力の詳細を聞きます。この下弦の弐の鬼も殺されるのですが、無惨と下弦の鬼たちのやり取りを窺うと、**「無惨のためにどれだけ努力できるか、努力の末にどれだけ良い結果を残せるか」が問われている**ことがわかります。

これほど相手に努力を要求する無惨の心の盾は「努力せよ」であると考えられます。

◆無残の破滅の爆弾について

次に無惨の破滅の爆弾ですが、すでに述べたように、無惨には「いつも死の影がぴたりと張りついて」いました（第201話／23巻）。茶毘に付される寸前に息を吹き返し、20歳までしか生きられないと告げられ、腹を立てて他人を背後から殺す。これらのことから、破滅の爆弾は**「存在するな」**であろうと思われます。

この爆弾が働き出すと、自傷行為や自殺企図、他者に対しては暴力、暴言（ハラスメントなど）などを行います。また、この爆弾が働きだすと強い怒りが出てきます。自他の存在を脅かす怒りです。この怒りは時と場合によって、衝動的、突発的な怒りとなる場合があります。無惨は下弦の鬼に対しても衝動的に怒って、処罰しました。

無惨の破滅の爆弾の特徴は、**無惨自身に向かわず、常に「他人が存在するな」として表れる**ことです。あくまでも存在してはいけないのは他者で、自分は存在をするという形を取ります。

自分が存在できなくなりそうなときは、戦いから身を引き敵前逃亡を行います。

例えば、第１８６話（21巻）で「始まりの呼吸の剣士」である継国縁壱《つぎくによりいち》と出会い戦ったとき、縁壱に斬られた首や腕を再生できず、死が近づきます。その時の無惨がとった行動は「自爆」で、自分の体をバラバラにしてその場から逃げ去りました。

また、第１９５話（22巻）の最後の戦いの場面では、夜明けまで40分とカラスが告げた瞬間に戦いを止めて逃亡します。その姿を炭治郎が見て、

「そうだ当然だ　無惨は誇りを持った侍でもなければ　感情で行動する人間でもない　無惨は生きることだけに固執している生命体　夜明けも近く命が脅かされれば　逃亡することにも一切の抵抗がない」

と納得します。無惨は自己の破滅の爆弾「存在するな」には逃避的な言動をして、他者を「存在させない」という行動をとります。例の「パワハラ会議」のときには下弦の肆に対して、

「お前はいつも鬼狩りの柱と遭遇した場合　逃亡しようと思っているな」

と逃亡することを責めるのですが、自分の場合は躊躇なく逃亡します。**まさに自己愛の塊**で、他者のことを全く考えられないという異常な性格を持っています。

◆無惨の行動パターンについて

無惨の心の盾は「努力せよ」、破滅の爆弾は「存在するな」でした。無惨の行動パターンは、「努力をしている限り存在できる」というものです。これは、逆に言うと**「努力ができないと存在できない」**となります。鬼たちが無惨の気に入るような「努力をしない」と、無惨に殺されて「存在できない」事態もここにあります。

自分が「存在できない」事態に陥ると、逃亡をして「存在するために」逃げることを企てるのは前述したとおりです。ただし、逃亡するという「努力ができない」場合（体を動かせないときなど）は体をバラバラにするなど自傷と思われる方法をとります。逃亡に「努力をしている」時は、そのような行動はみられません。

これらのことから、鬼の無惨と言えども、行動パターン通りに生きていることがわかります。

◈炭治郎と無惨の似ているところ、正反対のところ

無惨は炭治郎と似ていながら「ある一点」において決定的な違いがあり、それにより正反対の性格になっていることを述べました。ここが違うと、無惨は炭治郎になり、炭治郎も無惨のようになっていたかもしれません。

それは、**炭治郎が持つ心の盾「他人を喜ばせよ」の部分**です。「他人を喜ばせよ」を軽くする言動として「自分を喜ばせよ」「自分を大切にせよ」がありましたね（P51参照）。**この行動がいき過ぎると心の盾は変形し、反対の「自分を喜ばせよ」となってしまいます。**

炭治郎も無惨も「誰かを喜ばせなければならない」のですが、炭治郎の場合は「他人」で、無惨の場合は「自分」です。炭治郎と無惨の対人関係における心のパターンの大きな違いは、**他人を喜ばせるか、自分を喜ばせるかだけの違い**になります。無惨が持つもう一つの心の盾も、いびつに変形してしまった「他人を喜ばせよ」なのです。

検証のために、いくつか場面を拾ってみましょう。第２０１話（23巻）で、無惨は日光により滅び去る寸前に炭治郎にすべてを注ぎ込み、最強の鬼にします。鬼になった炭治郎は、

日光をも克服し無惨と同様の技を使います。最後の最後で、無惨は炭治郎と入れ替わります。
この時の炭治郎を救ったのは、珠世の作った「鬼を人間に戻す薬」と「他人に対する思い」でした。
第203話で、栗花落《つゆり》カナヲに薬を打たれた炭治郎が意識の中で無惨とやり取りをします。その時の会話を、心の盾が表れている部分に着目して抜粋します。

「血の匂いがするだろう　仲間たちの　お前がやったのだ　恨まれているぞ　誰もお前が戻ることを望んでいない」

「謝りたい　みんなを傷つけてしまったこと　戻って謝りたい（中略）みんなが俺を心配してくれてる　匂いでわかる」（謝ること＝炭治郎の「他人を喜ばせよ」の出現）

「黙れ　お前は私の意志を継ぐ者（中略）自分のことだけを考えろ　目の前にある無限の命を摑《つか》み取れ」（炭治郎が「自分を喜ばせる」ために生きていくことを要求する）

さらに、炭治郎が持つ「他人を喜ばせよ」を見抜いたのか、その心を逆に利用します。

「屑《くず》め　お前だけ生き残るのか？　大勢の者が死んだというのに　お前だけが何も失わずのうのうと生き残るのか？」

大勢の死んだ者たちを喜ばせたいなら、炭治郎も人間としての死（＝鬼としての誕生）を

迎えるべきだと言っているのです。相手の心の盾を見抜いて巧みに言い寄ってくるのは、さすが悪の総帥のやり口です。炭治郎も言葉を紡げず、涙を流します。

それでも、死んだ者たちが炭治郎を死の意識（鬼の意識）の外へ押し出そうと、下から手を伸ばします。また、生きている者たちが、上から手を伸ばして死の意識の外へ引きずり出そうとします。

無惨はなおも説得を続けます。

「死んだ者たちの憎しみの声が聞こえないのか!! 何故お前だけが生き残るんだと叫んでいるぞ　何故自分たちは失ったのにお前だけがと…」

再び、炭治郎の「他人を喜ばせよ」を刺激しています。無惨は「自分を喜ばせよ」「他人を喜ばせよ」を巧みに使い分けながら、炭治郎を死の世界（鬼の意識）の中に留めようとします。

しかし、炭治郎は心の中できっぱりと言い切りました。

「そんな人いない」

自分だけでなく、死んだ者たちは皆、自分が経験した苦しみや悲しみを他人にしてほしくないと願う人たちであると。鬼殺隊の仕事は、鬼を殺して人間が幸福になるようにする「他人を喜ばせる仕事」ですから、炭治郎の言うとおりです。また、そう思うことで、同じ鬼殺隊の仲間が自分を恨むはずがないこと、そして自分も同じ鬼殺隊であるからには、「他人を喜ばせないとならない」という本来持っていた心の盾をしっかりと確信します。

無惨はなおも「自分（無惨）を喜ばせよ」の言葉を吐きます。

「炭治郎待て!! 待ってくれ頼む!! 私の意志を 思いを継いでくれ お前が!!」

その言葉に耳を貸すことはなく、炭治郎は皆の手を取り死の世界（鬼の意識）から抜け出すことができました。

炭治郎と無惨の壮絶な心のやり取りは、「○○を喜ばせよ」という心の盾が、「自分」なのか「他人」なのかの戦いです。炭治郎の周囲の環境が違っていて少しでも「自分を喜ばせよ」の気持ちがあったなら、どちらに傾いたか定かではありません。**炭治郎は炭治郎でありますが、無惨にもなり得たと思います**。

このことについて、次の第２０４話で愈史郎が説明していました。

「お前の鬼としての素質 ずば抜けてるよ 一瞬で太陽を克服しているし 無惨より禰豆子よりお前には鬼の素質があったんだ ギリギリまで自我が消えずにいられたのも凄いことだ」

「自我」とは、ここでは炭治郎が持っている心の盾「他人を喜ばせよ」のことです。交流分析の分野において、5つの心の盾を「自我のあり方」と考えます。炭治郎は自我を、言い換えると心の盾「他人を喜ばせよ」を失わなかったため、鬼にならずにすんだのです。

無惨は、たびたび炭治郎に対して「自分の後継」という言葉を発していました。それまでずっと忌み嫌っていた存在だったはずですが、**無惨は自分と対極にあるはずの炭治郎の心の構造（行動パターン）が自分と似ていることを、無意識に見抜いていたのかも知れません。**

けれど、極めつきの自己愛の強さによって、炭治郎と道を交えることなく滅びてゆきました。

◆「影（シャドー）」に打ち勝った炭治郎

私の専門分野は心理学のうち「交流分析」ですので、ここまではずっと交流分析を用いてキャラクターの分析を行ってきました。交流分析は、専門的な精神分析についてかみ砕いてわかりやすく考えるものだと認識していただけたらと思います。

ところで、同じ精神分析の一分野に**ユングの「分析心理学」**があります。心理学の中では有名なので、名前を聞いたことのある方もいるでしょう。

その分析心理学に「影（シャドー）」という考えがあります。影とは、簡単に言うと、**「自分が生きてこられなかった自分の違う側面であり、自分自身について認めがたい部分」**とされます。認めがたいので時にとても嫌に思ったり嫌悪感を抱いたりしますが、**実はそれは自分の別の側面**であります。

この「影」の考え方は、交流分析における**「行動パターンは同じだが心の働かせ方が違う」**という考え方と同じだと考えても良いかもしれません。そうすると、炭治郎は無惨の「影」であり、無惨は炭治郎の「影」であるといえます。

「影」は、自分の中で入れ替わることがあります。

例えば、学校の先生が「まじめに勉強をしろ！　遊ぶな！」と生徒を叱ります。これは生徒の為に叱っている側面もあれば、「俺の言うことは正しいのだ。言うことを聞け！」と無意識の「支配欲」を満たすために叱っている場合もあります。この2つの異なる考えは、生徒を思っている方が「自分」であり、支配欲を満たしたいと考えている方が「影」です。

初めはたしかに生徒のためを思って叱っていたはずが、段々と叱ることで生徒の行動が変わり、清々しさや自己有用感（誰かの役に立っているという思い）を覚えたりします。

「叱ることで俺は生徒を変えられる。俺の思い描いたとおりの幸福な人生を送らせることができる」

このように考えると、段々と表面は生徒のためと言いながら、教師の心は自分の支配欲に侵食されていきます。

「昔はあんなに優しかったのに、正反対の性格の先生になった」

などと言われるのは、実際によくあることです。**自分が人生でやってこられなかった行動を繰り返し行うことで、もともと自分の内にあった影が自分を乗っ取った結果です。**


炭治郎は「他人を喜ばせよ」という強固な心の盾があり、それがぶれることなく物語が進行しました。しかし、もし鬼を成敗するたびに「俺は鬼を殺した。俺はよくやった」と思っていると、鬼を殺すたびに「自分を喜ばせよ」が強化されて、炭治郎の影が強くなり、無惨の最後の説得に屈服していたことが考えられます。

炭治郎は鬼を殺すたびに、常に鬼を想い、時に消滅する鬼に憐みの言葉をかけます。**「他人を喜ばせよ」を使い心を強化していったことで、炭治郎は影に勝ちました。**

猗窩座に学ぶ「心の盾を守る方法」

猗窩座の心の盾はストレスにより変形した姿

猗窩座の心の盾については、反面教師的にではありますが学ぶべきところが多くあります。心の盾を分析して、その意味を考えていきましょう。

猗窩座の初登場シーンは第63話（8巻）です。ようやく下弦の壱・魘夢《えんむ》を倒したところで現れました。猗窩座は杏寿郎と戦いながら次のように言葉をかけます。

「鬼になろう杏寿郎　そうすれば　百年でも二百年でも鍛錬し続けられる　強くなれる」

「今まで殺してきた柱たちに　炎はいなかったな　そして俺の誘いに頷く者もなかった　なぜだろうな？　同じく武の道を極める者として理解しかねる」

「弱者に構うな杏寿郎!!　全力を出せ　俺に集中しろ!!」

この『鍛錬する』『武を極める』『全力を出せ』という言葉から、**猗窩座も心の盾「努力せよ」を有している**ことがわかります。

ほかに考えられる心の盾として注目すべきは、猗窩座が発する**「俺と永遠に戦い続けよう」**という言葉があります。これは杏寿郎が戦うことで、自分（猗窩座）が喜ぶということです。

また、第１４８話（17巻）で炭治郎と戦うときには、炭治郎が短期間で強くなった姿に、**「目を見張る成長だ　俺は純粋に嬉しい　心が躍る」**と言っています。これも、炭治郎が「自分（猗窩座）を喜ばせている」ということを表していると思われます。

一方で、第１４９話では猗窩座が不快感を覚える場面がありました。

「何をするにも初めは皆赤ん坊だ　周りから手助けされて覚えていくものだ　他人と背比べをしてるんじゃない　戦う相手はいつも自分自身だ」

この言葉は、猗窩座の記憶の中にある素流の師範・慶蔵《けいぞう》のものです。慶蔵は続けて、

「重要なのは　昨日の自分より強くなることだ　それを十年　二十年と続けていれば立派なものさ　そして今度は　お前が人を手助けしてやるんだ」

と言います。猗窩座はこれを聞いて、いないはずの慶蔵を腕で振り払います。猗窩座は、

直前に炭治郎から浴びせられた言葉と重なる「他人を手助けして、また手助けされて」という、心の盾「他人を喜ばせよ」に腹を立てていることがわかります。

このことから、**猗窩座は「他人を喜ばせよ」の反対である「自分を喜ばせよ」を心の盾として有しています**。

鬼は「自分を喜ばせよ」を持っているものですが、この「自分を喜ばせよ」は無惨とは違うタイプのものです。

猗窩座は鬼としての最期に、人間だった頃の記憶を思い出します。父親、師範の慶蔵、恋人の恋雪《こゆき》を守りきれなかった自分の不甲斐なさを炭治郎に気付かされます。

自分の大切な人たちを守りたかったのに守れなかったという悔い、つまり**「他人を喜ばせたかった」のにできなかった悔いから、自暴自棄になり「自分を喜ばせよ」に心の盾を変形させてしまった**ということです。

猗窩座は、自分の不甲斐なさを気づかせてくれた炭治郎に感謝の気持ちを伝えながら、武人としてのプライドを保ち死んでいきました。

外部からの強いストレスを受け続けると心の盾の力は弱まっていき、いびつな形に変形してしまいます。心の盾とは自我であり、「生きるために必要なエネルギー」ともいえます。

自己採点における「0点」の状態は、いわば心のエネルギーが枯渇した状態であり、それが続くと鬱の症状に近いものが表れます。心にとって危険な状態です。

むき出しの心は、どうしたって弱いものです。それ自体はなかなか鍛えられるものではありません。ですから、**自分自身が持っている心の盾をしっかりと見つめて、少しずつ鍛えながら使い方をコントロールできるようにしていきましょう**。

◆猗窩座は炭治郎と杏寿郎の「影（シャドー）」？

自暴自棄により変換された猗窩座の行動パターンは、心の盾が「努力せよ」「自分を喜ばせよ」で破滅の爆弾は「存在するな」です。猗窩座が戦った杏寿郎も、心の盾「努力せよ」「他人を喜ばせよ」で破滅の爆弾は「存在するな」でした。

この関係は、炭治郎と無惨の関係に似ています。無惨が炭治郎の「影（シャドー）」であったことから、猗窩座は杏寿郎の影の可能性があります。

自分の前に「影」が表れた時は、「影」をひどく嫌うという傾向がありました。

杏寿郎は猗窩座と初めて対面をした第63話で、

「初対面だが　俺はすでに君のことが嫌いだ」

と述べていました。猗窩座はこのとき、杏寿郎の「努力せよ」の面ばかり気にして、杏寿郎の「他人を喜ばせよ」には触れていません。しかし、**杏寿郎は猗窩座の「自分を喜ばせよ」の心の盾に気付き、嫌悪しているように見えます**。この後に、人間の「他人を喜ばせよ」の面が人間の強さにもなると続けて猗窩座に説いていました。

炭治郎も、猗窩座の「自分を喜ばせよ」に嫌悪します。

第148話（17巻）で、猗窩座が杏寿郎に触れますが、

「杏寿郎はあの夜死んで良かった　ともすると　あれ以上強くなれなかったかもしれない人間のままでいたがるような　くだらぬ価値観を持っていたし」

と侮辱し、杏寿郎の強さだけを述べて、他人を思いやるという心の盾「他人を喜ばせる」の部分に触れません。それを聞いた炭治郎は強い嫌悪を示し、一方の猗窩座も炭治郎の「助け合って生きるのが自然の摂理だ」という言葉を嫌悪します。

互いに嫌う箇所が心の盾「他人を喜ばせよ」「自分を喜ばせよ」という点に表れています。つまり、炭治郎と猗窩座も「影（シャドー）」の関係にあると考えられます。

猗窩座は強者を好み、強者になった炭治郎を見て称賛しました。しかし、炭治郎に対する嫌悪感は消えません。それは、炭治郎が努力して強くなろうとも、炭治郎の強い心の盾「他人を喜ばせよ」に反応してしまうからだと推測します。

猗窩座の対杏寿郎、そして対炭治郎の戦いは時間にすればほんのわずかでしょう。**そのわずかの戦いの中で相手の心の盾に反応するというのは、武術の達人である猗窩座であるからこそ可能な心の動きだと考えます**。猗窩座が他人と和する、また、他人の心の支えになる武人を目指したら、素晴らしい人になったと思われます。

珠世に学ぶ「影との折り合いのつけ方」

珠世は私たちが見習うべき存在

珠世は心の盾を読むことがなかなか難しい女性です。鬼でありながら、無惨から逃れて姿を隠し、ひっそりと暮らしているという人物ですが、心もひっそりとしていて、心の盾が強く表れてくることがありません。

珠世は、この作品において唯一無二の存在です。鬼でありながら無惨を倒したいと願う鬼殺隊の協力者というだけでなく、**自らの「影（シャドー）」を見事に取り込んで生きているという点で注目すべき人物です**。

これは、私たちが心を健全に保ちながら生きるうえでとても重要なことといえます。

その秘密を解き明かすべく、まずは珠世の職業と、行っていることを手掛かりに心の盾を調べていきます。

◈珠世が持つ「完全であれ」ともう一つの心の盾

珠世の初登場は第14話（2巻）で、炭治郎が無惨に鬼にされた男性を拘束しようとしているときに、血鬼術を使って助けてくれました。珠世は自分が医者であること、無惨を抹殺したいと考えていること、さらに鬼を人間に戻す薬の完成を目指していることを話します。

珠世はその研究について、

「私たちは必ず　その治療法を確立させたいと思っています」

と述べており、「完全な」薬の研究を目指している姿が見て取れます。

また、珠世の言葉遣いも見ていきます。先ほどのセリフの続きが次のものでした。

「一つ　妹さんの血を調べさせて欲しい　二つ　できる限り鬼舞辻の血が濃い鬼からも血液を採取して来て欲しい」

この「一つ…、二つ…」と数や文字を使って要点を挙げていくというのは、話し手が心の盾「完全であれ」を有している可能性が高いと言われています。

また、最終決戦が始まった第１４６話（17巻）では、無惨と共に肉の繭に取り込まれている珠世が、

「恐らくこの…　肉の繭のようなものの中で　人間に戻る薬を分解しているのね」

と言います。心の盾「完全であれ」の人は、完全な思考にたどり着けないときの予防線として「恐らく」「多分」「まるで～のように」という言葉を使いがちになります。

そもそも、珠世はいつも冷静で言葉を選んで話しているような節がみられ、ストレス下で言葉を発する場面があまりありません。無惨と対峙したときのみ感情が強く表れます。

初めてその珠世がストレス場面で感情を露わにしたのが、第187話（21巻）です。縁壱と無惨の戦いで、縁壱が無惨を逃がしたときに珠世は次のように言います。

「もう少しだったのに　もう少しだったのに……　頚の弱点を克服していたなんて…　死ねば良かったのに!!　生き汚い男!!　鬼舞辻無惨…!!」

と言います。言葉を読点（、）でつなげるような話し方ですね。

また、姿勢に関して言うと、珠世はいつも背筋をピンと張り上・下半身のバランスが取れています。このような姿勢も「完全であれ」を有する人の特徴であるとされています。

以上から**珠世の心の盾は「完全であれ」の可能性が高い**と考えられます。

もう一つ、考えられるものがあります。

第14話の初登場シーンで、珠世は次のように述べていました。

「鬼となった者にも　『人』という言葉を使ってくださるのですね　そして助けようとしている」

「ならば私も　あなたを手助けしましょう」

さらに第15話で炭治郎が珠世の作る「人間に戻す薬」について、

「禰豆子だけじゃなく　もっとたくさんの人が助かりますよね？」

と言うと、少し微笑んで、**「そうね」**とうなずきます。

「助ける」という言葉が珠世のキーワードで、誰かの役に立ちたいという思いがあるのでしょう。珠世が**心の盾「他人を喜ばせよ」を有している**ことがわかります。

◆珠世の行動パターンについて

珠世の破滅の爆弾は、「存在するな」であろうと思われます。

珠世の場合は自らの肉体を改造して、人を喰わずとも鬼としての能力が保たれています。

このことから破滅の爆弾「存在するな」はなくなっていると考えるかもしれませんが、珠世は**無惨に対する強い「滅びて欲しい」という気持ち**を持っています。

また、珠世は自分が喰い殺した夫や子どもへの悔いがずっと残っています。死者への気持ちの整理ができていないと**「自分が死んで詫びなければならない」との思い**が起こる人がいますが、珠世もこのパターンと思われます。

無惨への思い、そして夫と子どものことから、珠世の破滅の爆弾は**「存在するな」**であると思います。

このことから、珠世には2つの行動パターンがあると考えられます。

①完全である限り、存在できる
②他人を喜ばせている限りは、存在できる

特に②の場合は、炭治郎と行動のパターン（心の構造）が同じで、他人をどうしても思いやらねばならない心の働きが見られます。たとえ鬼であっても人のように、慈しみの気持ちを持って対応しています。この2つの行動パターンにより、珠世は人生を歩んでいます。

次に、珠世の①と②の行動パターンをそれぞれ見ていきましょう。

まず①について。第187話（21巻）の無惨と縁壱が遭遇した場面です。無惨が縁壱に首を斬られて命が尽きようとしていた時、珠世は前のめりに目をカッと見開き、無惨の姿を凝視しました。この時の珠世の心は「完全に無惨を消滅させることができる」か「完全な自分の勝利」で期待に満ちていたと考えられます。

しかし無惨は逃走し、珠世はがっくりとうなだれて、破滅の言葉である「鬼舞辻無惨」という名前を口にします。**無惨の名前を口にすることは、鬼にとって命を落とす行為でした。**

つまりこのとき珠世は、縁壱によって「完全に無惨を抹殺できる」という状況を見出しましたが、無惨に逃げられて**「完全さ」が崩れたときに、鬼である珠世にとって「存在できない」状態になる言葉を発しました。**

「完全でない限り、存在できない」という行動パターン通りの行動をします。

続いて②の「他人を喜ばせている限りは、存在できる」、すなわち「他人を喜ばせない限り、存在できない」という行動パターンも、該当する場面があります。

第193話（22巻）で、手負いの炭治郎を仕留めきれない無惨は、体に取り込んだ珠世の細胞を呼び寄せて尋ねます。

「お前は何をした？　私に使った薬は人間返りではなかったのか？」

珠世は答えます。

「お前に…　使った薬は…　人間に戻すもの…　それと…

言わない　無駄に増やした脳味噌を使って考えたらどうだ？」

珠世は無惨が喜ぶような要求に応えません。すなわち、「他人を喜ばせる」ことをしませんでした。結果、無惨に頭部を握りつぶされて消えます。

この時点ですでに肉体はなくなっていますが、たとえこれで命を奪われるという場面でも珠世は無惨を喜ばせる行為をしなかったと思われます。「他人を喜ばせない限り、存在できない」という行動パターンが如実に表れる場面です。

「こんな状況だったら、そう言うに決まってるのでは」と考える方もいらっしゃるかと思いますが、**そもそも「そのような状況」を作ってしまうのも行動パターンによる働き**なのです。行動パターンが人を支配して、行動パターンのとおりになるように人に環境をお膳立てさせます。

例えばこの場面において、「強くあれ」を持つ善逸や天元なら黙ってしまうでしょうし、「急げ」を持つ伊之助なら「ぐだぐだ言ってるんじゃねぇ！」と言うかもしれません。当たり前に思える言動でも、心の盾により行動パターンが変わってきます。

珠世も、「他人を喜ばせないで死んでいく」という状況を無意識のうちに自ら作っていたのだと思います。

◆死と生の接点である珠世

珠世は特殊な人物です。鬼でありながら鬼を嫌い、鬼を人間に戻す薬をつくっています。**鬼を「死」、人間を「生」と捉えるのであれば、珠世は「死」を「生」に変えようとしています。**鬼でありながら鬼たちを生きる方向に導くことから、珠世は「生の欲動」と「死の欲動」の接点に存在すると考えられます。「欲動」とは精神分析学における概念で、人間を行動へと駆り立てる無意識の衝動のことです。

精神分析の創始者といわれるジグモント・フロイトは、生の欲動は「全ての生きとし生けるものが生命を有して、互いに尊重しあって、生きていくという統一性をもつ心の働き」とし、一方、死の欲動は「生きとし生けるものを無機質に帰したいという心の働き」であるとしました。無機質に帰したいというのは、つまり死を迎えさせるということです。
この2つが矛盾なく、珠世のなかで統一されているのです。

珠世にとって鬼は忌むべき存在ですが、珠世自身が鬼です。忌むべき存在とは「自分自身について認めがたい部分」であり、前述した「影（シャドー）」そのものです。鬼になって夫や子どもを喰らい、大勢の人間を殺したという珠世は一度すっかり自分を影に乗っ取られていました。鬼でありながら人間の心を持ったことで、「自分が鬼である事実」はますます認めがたい怒りの存在になっていきます。

本来であれば影に乗っ取られた時点で人間としての珠世の存在は危ういものになります。しかし鬼であった自分から人間の心を取り戻し、「鬼でありながら人間、人間でありながら鬼」になったことで、**珠世は「影」を統合した存在になります**。**人は影を統合すると、より心が完成し円満になっていきます**。影に乗っ取られたのが猗窩座をはじめとする多くの鬼で、影を駆逐したのが無惨の誘惑を跳ねのけた炭治郎でした。

珠世はこの炭治郎の方法とは違い、一度は「影」に乗っ取られながら、その影と折り合いをつけていったことになります。対立せず、折り合いをつけて一番ちょうどいいところで統合する。とてもうまい生き方だと感じます。

無惨との最終決戦で、炭治郎や柱たちは死に物狂いで戦いました。直接戦わなかった人も、皆必死に力を尽くしました。

しかし、残酷なことかもしれませんが、彼らだけで無惨に勝つことは難しかったのではないかと思います。無惨を倒す活路を見出せたのは、珠世の働きが無視できません。**自分の影を知って、その影と折り合いをつけた珠世の力が状況を打開したとも考えられます**。

生きている限り、「イヤな人」から逃れることはできません。学校や職場で、何をされたわけでもないのに顔を見るたびになぜか腹が立ったりイヤな気持になる人がいるかもしれません。しかし、よく見ると心の盾が似ていたり、行動パターンが似ていたりします。よくよく観察をすると、その人は自分の影である場合が多いのです。

影との折り合いは、自分が真の人生を歩む上で大切なことだと思います。腹が立つからといって影を駆逐するのではなく、自分とその人の行動に折り合いをつけて生きて行くという、珠世のような方法も知っておいていただければと思います。

鬼は誰の心にも存在する

いかに心のバランスを保てるか

ここまで、炭治郎たち鬼殺隊側のキャラクターや、無惨をはじめとした鬼のキャラクターについて分析を行ってきました。彼らは「強い」と一口に言ってもその在り方は実に多様です。

炭治郎のように2つの心の盾のバランスが自然とうまくとれて安定している人もいれば、天元のように自ら心の盾をコントロールしている人、そして珠世のように自分が認めたくない部分＝「影」をうまく統合し、心の盾と破滅の爆弾を含めて上手に折り合いをつけている人もいました。

人には、誰にでも「触れられると怒りがわいてくる」部分があります。認めたくない自分、そのように生きられなかった自分＝「影」があります。

それと同時に、自分の心を外部のストレスから守る心の盾も、誰しもが持っています。本来なら心を守ってくれる心の盾も、働かせすぎると自分を滅ぼしてしまう難しさがあります。

しかし、炭治郎も言っていましたね。

「頑張れ!! 人は心が原動力だから 心はどこまでも強くなれる!!」（第53話／7巻）

人が持つ心の盾は、それを見つめて上手に扱っていくことでどんどん強固なものになります。場合によっては自分の心の盾の性質が嫌だと感じる人もいるかもしれませんが、そこから逃げてしまうと心の盾の形が変わってしまいます。

無惨と炭治郎の違いは「他人を喜ばせよ」か「自分を喜ばせよ」であるかという1点のみでしたが、この違いが結末を大きく変えました。「他人を喜ばせよ」を遂行できなかった猗窩座は、自暴自棄に陥り鬼に身を落としました。

繰り返しになりますが、この違いは心の盾と「盾を軽くする言動」の関係でもあります。

心の盾が強くなりすぎるとストレスも強くなりますが、心の盾を弱めて「盾を軽くする言動」を使いすぎると、鬼が持つ心の盾になり、それが次第に「影」と言っても良いほどになります。

つまり、自分の心を守るものも滅ぼすものも表裏一体、光と影のような関係です。

ですから、**自己採点でいうところの5〜6点くらいの状態を保ち、どちらにも折り合いをつけられる「強さ」を持っていただきたい**のです。

とは言いますが、心の盾の「盾を軽くする言動」は簡単に受け入れられそうでいて、なかなか受け入れられるものではありません。少しずつ取り組んでみてください。

◆心の盾と「盾を軽くする言動」の振り返り

①「努力せよ」　→「それさえやれば、楽しんでよい」「自由になってよい」
②「他人を喜ばせよ」→「自分を大切にせよ」「自分を優先せよ」
③「急げ」　→「のんびりやろう」「自分のペースでやろう」
④「完全であれ」　→「ありのままでよい」「不完全でよい」
⑤「強くあれ」　→「感情を出してよい」「弱みを見せてよい」

◈キャラクターたちの影（心の鬼）との付き合い方

炭治郎、善逸、伊之助の3人が「影」とどのように付き合っていくべきか、おせっかいながら考えてみました。

「完全であれ」を持つ善逸は、理想の自分像が大きすぎるのでしょう。「人間は不完全であることが当たり前なのだから、できない自分をそんなに嘆かなくてもいい。不完全な自分も大切な自分だ」という思いを育てられれば、心が楽になるかもしれません。

同様に、心の盾「急げ」を持ち、急いで物事を進めていく伊之助が、**「自分の中にものんびりとマイペースで行う心がある」と認識すると、自分の心の幅が広がる**ことになります。伊之助の行動パターンが「急がないと、物事を考えられない」というものでしたから、伊之助は考えるために動き回らなければいけません。

そのことを知って、自分の影を認めていくと、伊之助は緩急をつけた生き方ができると思います。考える内容によって、心の盾の強度をコントロールすることもできるようになるかもしれません。

炭治郎も自分の幸せを考える、つまり自分の心の中に「他人よりも自分を喜ばせたい心があること」を認識していくと、自分の心の幅が広がっていきます。物語の中で、炭治郎は一度も「自分を喜ばせる」姿を見せませんでした。炭治郎の「他人を喜ばせよ」は相手の機嫌をうかがうものではないので強くは心配していませんが、**時には心を自由にして自分を喜ば**

せてほしいものです。

また、「努力せよ」を第一の信条とする人は、**努力などしないで自由にしたい心（影）が自分にあることを認めて、それに乗っ取られないようにする**ことが、自分の心の自由度を広げていきます。

実生活で生き抜くためには、心の盾を知り、影を知ることが大切であると、『鬼滅の刃』は教えてくれます。

◈もう一つの敵、外からの鬼

自分の影ともいえる「内側からの敵」のほかに、忘れてはいけないのが自分の外にいる「鬼」のような敵です。それは目に見えて、自分に攻撃を仕掛けてくるものです。防御をするためには体を使わなければなりません。強い攻撃や連続する攻撃を受けると、体ばかりでなく、ストレスがたまり心が萎えてきます。

その場合、**まず体と心をストレスの場から一旦引き離しましょう**。体に休息を与えながら、心の盾を5～6点のラインを超えないように保ちます。敵からの攻撃は多岐にわたるので対処法すべてをここでお伝えすることは難しいのですが、**何においても自分の心の盾がうまくバランスを保てないと次の手段を考えることも難しくなります**。

実生活では『鬼滅の刃』のように、突然斬りつけられてすぐに命を奪われることはないと思います。しかし、命は奪われないものの心が蝕まれてしまったり、命を奪われるに等しいほど苦しい思いをさせられることもあるでしょう。

そのすべてに立ち向かうことが、必ずしも正しいとは限りません。ですが、**必ず行っていただきたいのは「心の声」を聴くことです**。今の自分の心の盾は何点程度なのか。何が起きるとその盾が強まるのか、はたまた弱まるのか。それを考えることが、心の鍛錬です。

読者の皆様がいざというときに心の盾を上手に使い、困難を乗り越えられることを願っています。

おわりに

『鬼滅の刃』のキャラクター分析を用いての「心の盾」と「破滅の爆弾」の役割について、ご理解いただけたでしょうか。炭治郎たちに自分の心の盾や行動パターンを重ねながら、ご自身の「ストレスのかかる行動」と「自暴自棄にならず、ストレスから逃れる方法」を認識していただけたら嬉しいです。

このように、自分の性格や行動パターンをあらかじめ知っておき、悪い状態に陥らないように気を付けることも、カウンセリングの一つの方法です。本書を読んだことで、カウンセリングの一部分を受けたのと同じ状況になりました。この本が皆様の心の平安のためにお役に立てたら、筆者としてとても嬉しく思います。

ところで、『鬼滅の刃』は対人心理学の観点からも優れた作品で、作者の吾峠呼世晴先生はあらかじめこの理論をご存じなのではないかと思われるほどです。

全23巻のなかに、炭治郎、伊之助、善逸をはじめ、柱たち、鬼たちの人生が凝集されています。今回は心の盾の使い方に焦点を当てて分析をしましたが、それでも考えさせられることばかりでした。とても優れた作品であり、多くの人の心を打つのもうなずけます。
『鬼滅の刃』のテーマは、「生と死」だと思いますが、最後に帰着する「人の想いが生を繋いでいく」という考えは、何十年か先、やがて死にゆく我々に深い感銘を与えます。

交流分析にはまだ様々な分析手法があり（例えば「会話分析」など）、その方法で分析してみるとキャラクターたちのさらに深い面が見られるかもしれません。機会がありましたら、試みたいと思います。

鬼は誰の心の中にも存在するものです。それが大きくなると自暴自棄になったり、自分の事しか考えなくなったりして、結局、想いを繋ぐことができず孤独になります。
本書の方法は一方法ではありますが、自分の心に鬼が棲まないように気を付けて、幸福な人生を歩みたいものです。

２０２１年８月　札幌にて

【引用】

『鬼滅の刃』（1～23巻）吾峠呼世晴　集英社
『鬼滅の刃　外伝』平野稜二・吾峠呼世晴　集英社

【主な参考文献】

「ドライバーズの心理的・行動的諸側面の検討　P46‐56」（『交流分析研究35』より）押川聖子
『TA　TODAY』I・スチュアート著　V・ジョインズ著　深沢道子監訳　実務教育出版
『脚本分析』国谷誠朗・杉田峰康　チーム医療

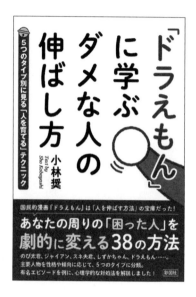

彩図社好評既刊

『SLAM DUNK』に学ぶ
「癖のある部下」の活用術

小林　奨

国民的なバスケットブームを巻き起こし、いまなお新しい読者を獲得し続けている伝説のマンガ『スラムダンク』。

そんな『スラムダンク』には、実はマンガとして楽しむ以外にもきわめて有益な活用法があります。それは「人材育成の教科書」としての読み方。そう、『スラムダンク』には管理職世代のヒントになる人材育成のコツが数多く散りばめられているのです。

本書ではヤル気を出さない、ヤル気があるのに出す方向を間違えているといった癖のある部下を６つに分類。部下のヤル気を引き出す「心理テクニック」を学びます。

ISBN978-4-8013-0163-4　46判　本体1200円＋税

彩図社好評既刊

文豪たちの
悪口本

彩図社文芸部編

文豪と呼ばれる大作家たちは、悪口を言うとき、どんな言葉を使ったのだろうか。そんな疑問からできたのが本書です。

選んだ悪口は、文豪同士の喧嘩や家族へのあてつけ、世間への愚痴など。随筆、日記、手紙、友人や家族の証言から、文豪たちの人となりがわかるような文章やフレーズを選びました。

川端康成に「刺す」と恨み言を残した太宰治、周囲の人に手当たりしだいからんでいた中原中也、女性をめぐって絶交した谷崎潤一郎と佐藤春夫など、文豪たちの印象的な悪口エピソードを紹介しています。

ISBN978-4-8013-0372-0　46 判　本体 1200 円 + 税

【著者略歴】

石堂孝英（いしどう・こうえい）

博士（教育学：心理学分野）、公認心理師、臨床心理士、一級交流分析士。

高校の教育現場に30年以上携わりながら、生徒、親、時には地域の人に対して悩み解決のためのカウンセリングを行う。単に理論だけをかざすことなく、現場で聞いた声にもとづいた適切なアドバイスを行うことを心掛ける。

また、得度を受けた禅僧でもあり、禅を組みながら深遠な無意識の世界を毎日探索し、人の生き方を常に探求している学徒である。


心理学で分析！

「鬼滅の刃」に学ぶ強い心のつくり方

2021年11月24日　第一刷

著　者　　石堂孝英

発行人　　山田有司

発行所　　株式会社　彩図社
東京都豊島区南大塚3-24-4
MTビル　〒170-0005
TEL：03-5985-8213　FAX03-5985-8224

印刷所　　シナノ印刷株式会社

URL：https://www.saiz.co.jp
https://twitter.com/saiz_sha

ISBN978-4-8013-0567-0 C0095